任那・加耶の正体

古代日本外交の蹉跌

関裕二

河出書房新社

はじめに

日本の古代史を知る上で、どうしても解いておかなければならないのは、朝鮮半島最南部の加耶《かや》（伽耶《かや》、加羅《から》、伽洛《から》、駕洛《から》）の歴史だ。かつての歴史教科書では「任那《みまな》」と記されていた地域のことである。

加耶は鉄と交易によって、大いに栄えた。すでに弥生時代から、北部九州とこの地域は盛んに交流をはじめていて、同一文化圏を形成していたのではないかと疑われている。人種的にも似通っていたとする指摘もある。弥生時代後期になると、倭人《わじん》は加耶の鉄を求めて海を渡っていた。「魏志倭人伝《ぎしわじんでん》」には、対馬《つしま》の人びとが「南北に市糴《してき》（交易）」しているとあり、彼我の交流は盛んだったことがわかる。

加耶は朝鮮半島の中でも独自の発展を遂げる。鉄資源を活用するだけではなく、海人たちの活躍があって、交易も盛んだったようだ。商人的な自由な気風が強かったのか、加耶は統一されず、小国家の集合体として栄えた。

地政学的に考えても、古代のヤマト政権にとって、加耶はかけがえのない土地であった。北部九州沿岸部から、壱岐《いき》と対馬、あるいは沖ノ島などを経由して加耶に渡り、そこから朝鮮半島西海岸を経由して中国王朝との交渉を可能にした。加耶の沿岸部は多島海《たとうかい》で、海人《あま》の楽園でもあった。

四世紀末、朝鮮半島北部の騎馬民族国家・高句麗《こうくり》が南下策を採りはじめ、朝鮮半島南部の国々は、ヤマト政権に援軍を求めるようになる。加耶を守るために、ヤマト政権は遠征軍を送り込み、見返りも得た。五世紀の倭国の発展と繁栄は、朝鮮半島の戦乱がもたらした。

ところが、高句麗の圧迫を受けた百済《くだら》と新羅《しらぎ》は、次第に加耶の領土を侵食していく。また、ヤマト政権側の外交策も一貫性がなく、加耶諸国を裏切る形になり、加耶に恨まれた。そして欽明《きんめい》二十三年（五六二）に、加耶は滅びる。新羅に併呑《へいどん》されたのだ。

加耶はヤマト政権にとってかけがえのない同盟国であり、死守すべき土地でもあった。しかし、ヤマト政権内部の混乱が、加耶滅亡の危機を招いたのだ。

あまりにも資料が少なく、加耶は謎のベールに包まれてきた。しかし、考古学の進展もあり、次第に加耶の歴史が明らかになりつつある。古代日本にとって、もっとも大切な同盟国だった加耶が、ヤマト政権の不甲斐ない外交戦略によって滅んだこと、加耶の人びとがヤマト政権を恨んでいたそのわけを、ふたつの加耶、ふたつの日本という視点で解き明かしておきたい。

そして、加耶と日本列島の交流と悲劇の歴史を、掘り下げてみたい。そして、なぜヤマト政権は致命的な外交戦の失敗をくり返してしまったのか。失敗の本質を明らかにしてみたい。

任那・加耶の正体

古代日本外交の蹉跌

◉

目次

はじめに　1

第一章　まぼろしの王国・加耶　11

装丁——折原カズヒロ
カバー写真——©Avakil/Shutterstock.com

任那・加耶の正体

古代日本外交の蹉跌

第一章　まぼろしの王国・加耶

加耶という謎

欽明《きんめい》二十三年（五六二）春正月、朝鮮半島東南部の新羅《しらぎ》が任那《みまな》の官家《みやけ》（ヤマトの王家の直轄領）を討ち滅ぼしたと、『日本書紀』は記録している。加耶《かや》（諸国）が滅亡したのだ。別伝（一本《あるふみ》）には、その二年前に加耶は滅んでいたとあり、そのうちの小さな国々は加羅《から》国、安羅《あら》国、斯二岐《しにき》国、多羅《たら》国、卒麻《そちま》国、古嵯《こさ》国、子他《こた》国、散半下《さんはんげ》国、乞飡《こちさん》国、稔礼《にむれ》国で、合わせて十あったと言っている。

同年夏六月、欽明天皇は新羅を糾弾する勅を発している。

そこには「新羅は西羌《せいきょう》の小醜《しょうしゅう》なり」とある。西方の醜い国だという。それだけではない。天に逆らって無道を働き、恩義に背いて官家を攻め、わが人民を掠め、侵略したと非難した。

さらに古い時代の、神功皇后《じんぐうこうごう》（気長足姫尊《おきながたらしひめのみこと》。第十五代応神《おうじん》天皇の母で新羅征討を敢行した）の話を持ち出している。神功皇后は霊妙で人びとをいたわり養ったこと、新羅が困り果てて助けを請うてきたとき、憐れみ、首が切られそうだった新羅王を救い、新羅に要害の地を与え、繁栄をもたらしたといい、神功皇后は新羅を軽んじていなかったし、民も新羅を恨んでいなかったが、新羅は強い兵力で任那に侵攻し、残虐の限りをつくした。肝を裂き脚を切っても満足せず、残酷とは思わず、骨をさらし屍《しかばね》を焼いた。任那の人びとを刀やまな板を使って殺したり、膾《なます》（カルパッチョか？　人肉食）にしたというのである。

このような悪逆非道な新羅に攻め滅ぼされた任那であるから、深く悲しみ新羅を恨むといい、国を守る上で、先代にこれ以上ないという恩義があるという。そして、聖意を尽くしてともに悪逆無道の者（新羅）を誅殺し、仇を報いることができたとしても、恨みは残るだろう、というのである。

欽明天皇は、余程責任を感じていたのだろう。最晩年に、もうひとつ強烈な言葉を述べている。『日本書紀』欽明三十二年（五七一）夏四月条の、次の一節だ。

天皇の病気が悪化したとき、皇太子（のちの敏達《びだつ》天皇）は外出していた。そこで駅馬《えきば》で呼びに行かせ、寝室に招き入れた。皇太子の手を取って天皇は、述べた。

「私の病は重い。のちのことは託した。お前は新羅を討ち、任那を再建しろ。ふたたび夫婦のような関係になれば、死んでも思い残すことはない」

そしてこの月、天皇は崩御した。

不思議なのは、百済が滅亡したとき、天皇がここまで嘆いてはいないことだ（『日本書紀』のストーリーの中で）。同じ同盟国でありながら、なぜ加耶は特別だったのだろう。ヤマト政権にとって「もっとも近い外国」が加耶だったことは間違いないが、だからといって、「夫婦のような関係」とは、どのようなものだったのか、なかなか想像がつかないではないか。

ちなみに、任那（以下、加耶）が官家（王家の直轄領）だったという『日本書紀』の記事は、次第に疑われるようになった。ヤマト政権と加耶の関係について、かつての考えは、もはや通用しない。

ただ、欽明天皇の憤懣やるかたなしといった言葉には、興味を示さずにはいられないのである。悪く言えば「対岸の火事」であるのに、なぜそこまで思い入れが強かったのだろう。ヤマト政権と加耶の間に、どのようなつながりがあったのだろう。

古代日本はたくさんの渡来系文物の恩恵を受けたが、その多くは、加耶経由でもたらされたものだった。古墳時代（三世紀後半から七世紀初頭）の中期以降、製陶技術（須恵器《すえき》製作技術）、製鉄技術、金工品、さらに騎馬系文化も加耶経由でもたらされた。

また、加耶は六世紀の半ばに新羅に併呑されるが、新羅は絡め取った地域の支配層を優遇する一方で、新羅の文化を押しつけるという「クセ」があった。だから加耶は新羅文化に染め上げられ、日本に加耶的な文化が残った。そういう、不思議な関係が、古代日本と加耶でもある。

逆に、倭系文物は朝鮮半島で断片的に見られるだけで、朝鮮半島に定着していない。

朝鮮半島の歴史

ここで、朝鮮半島の旧石器時代からはじまる四世紀までの歴史を概観しておこう。新羅、百済、加耶が出現する直前までを、俯瞰してみる。

ちなみに、『三国志《さんごくし》』東夷伝《とういでん》（「烏《う》丸《がん》・鮮卑《せんぴ》・東夷伝」）には、朝鮮半島と近隣の諸民族を七種族あげている。それが、夫余《ふよ》（扶余《ふよ》）・高句麗・東沃沮《とうよくそ》・挹婁《ゆうろう》・濊《わい》・韓・倭人だ。また、朝鮮半島の人びとが、どこからやってきた人びとなのかは（もちろん多くの民族が混じっていったに違いないが）、正確にはわかっていない。

朝鮮半島の旧石器遺跡は、今から五十万年前の旧人（ホモサピエンスではない）のものだ。平壌《ピョンヤン》東南のコムンモル遺跡からは、二十九種の動物化石と原始的な石器数点が出土している。後期旧石器時代に入ると、新人の人骨がみつかっている。朝鮮半島南部では遺跡と遺物が散見できる。

紀元前五〇〇〇年ごろから磨製石器が登場し、土器も生まれた。新石器時代の到来だ。表面に粘土を貼って飾った隆起文《りゅうきもん》土器、口縁部に点線の模様をつけた押捺文《おうなつもん》土器だ。このころ、気候が温暖になり、海岸線が上昇したのだ。日本では、縄文時代にあたる。

紀元前四〇〇〇年ごろから、新石器時代中期の朝鮮半島を代表する櫛目文土器が作られるようになる。

貝塚もみつかっている。採集生活が中心だったが、焼畑などの農耕も行っていた。新石器時代後期になると、波状文《はじょうもん》やさまざまな文様をあしらった土器が登場する。住まいも、水辺の低地から内陸部に移っていった。

紀元前千年ごろに、北方文化の影響で、土器の文様が消え、無文土器が出現し、西北部では青銅器が造られるようになった。これは祭祀儀器だ。

ちなみに、日本の弥生時代の到来は、紀元前五〇〇年ごろと考えられていたが、炭素14年代法（放射性炭素年代法＝放射性炭素C14の半減期が約五七〇〇年という性質を利用して遺物の実年代を測る方法）によって、紀元前十世紀後半の可能性が出て来た。紀元前八世紀から前十世紀後半のどのあたりか、論争は終わっていないのだが、稲作の伝播が古い時代とわかれば、北部九州から関東に数百年の年月をかけて稲作が伝わったことになる。つまり、日本列島における稲作の伝播は、非常にゆったりしたものだったわけだ。ちなみに、韓国ではすでに炭素14年代法を用いて年代を割り出しているため、日本がこの方式をとらないと、大きな年代の誤差ができてしまう可能性がある。

それはともかく、朝鮮半島北部から無文土器が南に伝播したころ、社会も変化していく。紀元前八世紀頃、中・南方の河川中域や海岸地域で水稲栽培がはじまった。また、紀元前八〜前七世紀にいたると、中・南部でも青銅器が作られる。土壙墓《どこうぼ》（墓穴を掘って死者を埋める）や、石室《せきしつ》墓、箱型石棺《せっかん》墓、支石《しせき》墓が出現し、司祭者的な指導者も登場している。

鉄器の使用は、紀元前四〜前三世紀ごろのことだ。中国の燕《えん》（河北省北部。北京の東側から遼東に至る地域）では貨幣とともに鉄の道具や武器が出土している。紀元前二〜前一世紀になると、南部にも普及し、一般化する。オンドル（床暖房）も普及して、文化が発展し、人口は増えたが、争いも起こっている。環壕集落が各地でみつかっていて、首長たちが村落を束ね、小国家が誕生していた様子がみてとれる。

海とつながっていた燕

ここで話は、中国と燕と日本に一度飛ぶ。

加耶と日本の関係を知る上で、古代中国を含めた大きな視点が必要だが、ひとつ無視できないのは、中国歴代王朝が「大陸国家的発想」を抱いていたことなのだ。「陸」の視点を重視し、海洋にはあまり興味を示さなかった。

たとえば、日本人から見れば信じがたいことだが、多くの中国の王朝は、都を長安《ちょうあん》（西安《せいあん》）などの内陸部に構えた。「海と交易」とは無縁の地で、寒暖の差の激しく、厳しい土地だ。人口が多く、もっとも繁栄していた土地は黄河中流域から下流域だったにもかかわらず、その上流に都を置いたのは、なぜだろう。

理由はいくつもあったと思う。天から治政を委ねられたという意識（悪く言えば上から目線?）がひとつ。それから、防衛上の必要性があったからだろう。中国歴代王朝のほとんどが、じつは漢民族ではなく、万里の長城の外側から侵入してきた異民族だった（隋《ずい》や唐《とう》も、意外なことに、支配者は漢民族ではない）。だから、穀倉地帯や文明の発達した地域からみて「川上」の「守りやすい場所」に都を置いたのだろう。

漢民族は北や西からやってくる騎馬民族に悩まされ続けた。だから、常に、陸続きの厄介な連中のことが頭にあったし、華北と華南のふたつの文化は「南船北馬《なんせんほくば》」と呼び習わされているように、黄河文明が栄えた華北は、馬と穀物の文化圏で、華南は船と稲作の文化圏に属していた。華北に都を据えた歴代王朝の海への関心は低かった。

そんな中、中国と朝鮮半島や日本列島の海のつながりという点で注目されはじめたのが、古代中国の春秋戦国時代（紀元前七七一年～前二二一年）の燕である。春秋十二列国のひとつで、渤《ぼっ》海《かい》や黄海《こうかい》に面した地域（河北省北部から遼寧省《りようねい》）を支配していた。現代の北京とその一帯だ。

燕は最終的に秦《しん》に滅ぼされるのだが、まだ群雄割拠の混乱の時代に、たくましく栄えていた。しかも、日本に影響を及ぼしていたようなのだ。

『山海経《せんがいきよう》』（古代中国の地誌）の「海内北経《かいだいほつきよう》」に、「巨大な燕の南側に蓋《がい》国があり、さらにその南方に倭がある」と記録されている。そしてこの燕が、紀元前四世紀から前三世紀にかけて東方に進出し、遼東地域に影響を与え、金属器が燕から朝鮮半島や日本列島にもたらされた可能性が高い。

北部九州と朝鮮半島東南地域の相互交渉も、このころ本格化している。そして、ここに燕がからんでくる。日本に関して記録した中国の確実な史料は『漢書』からだが、その「地理志《ちりし》・燕地《えんち》条《じよう》」に組みこまれていることが、大きな意味をもっていた。

この事実を踏まえた上で田中史生《たなかふみお》は、

「『山海経』や『漢書』には、漢代の人々の、燕から朝鮮半島、日本列島へとつながる交流圏があるという地理認識が示されている」（『国際交易の古代列島』角川選書）

と述べ、燕系の金属器の分布がこの事実を裏付けていること、燕が海産資源に恵まれた海洋国家で、東方海域と強く結ばれていたというのである。

さらに、燕は秦に滅ぼされたが、海とつながっていた燕の文化と交易圏は、その後の中国にも影響を与えたと思われる。中国は海に関心を向けるようになった。秦はあっけなく滅びるが、前《ぜん》漢《かん》の時代になると、武帝《ぶてい》が積極的に領土を広げ、内陸部の匈奴や異民族に圧力をかける一方、船団を朝鮮半島に送り込み、衛氏《えいし》朝鮮を滅ぼし（このあたりの話はのちにふたたび）、楽浪《らくろう》郡（北朝鮮の平壌のあたり）など四つの郡を置いた。四つの郡のうち最後に残ったのは、楽浪郡で、ここを拠点にして、東方と東方海域進出に乗り出したのだ。楽浪郡治は、大同江を五〇キロほど遡《さかのぼ》った汽水《きすい》域に存在し、海港都市でもあった。

楽浪郡は加耶地域にもつながっていた。港湾都市・泗川《サチヨン》市の勒島《ヌクト》遺跡や昌原《チョンヤン》市の茶戸里《タホリ》古墳群から楽浪系の遺物が出土していて、しかもこれらの地域からは、日本列島の遺物も出土している。楽浪郡が設置されたころ、朝鮮半島の他の地域と比べ、この一帯には弥生土器が大量に持ち込まれている。これは、加耶と日本列島が、燕や楽浪郡の存在に触発されて、盛んに動き回りはじめたことを意味している。加耶と日本列島の関係性を語る上で、「海」と「海人」は、無視できない要素なのである。

朝鮮半島の歴史のはじまり

ここから、朝鮮半島の歴史時代に突入するが、その前に、檀君《だんくん》神話を説明しておこう。朝鮮半島の歴史は、檀君にはじまり箕子や衛氏につながっていく。神話から歴史への転換点だ。檀君は伝説上の人物で、強い霊能をもっていた（らしい）。朝鮮民族統合のシンボル的存在で、精神的支柱とされてきた。朝鮮半島の史学者の中には、檀君神話を史実と捉えようとする動きがあり、新興宗教も出現している。また、檀君の即位は紀元前二三三三年のことで、これが檀君紀元となった。陰暦十月三日は開国の日（開天節《かいてんせつ》）として、今も祝われている。

平壌市の東側、大朴山《テパクサン》山麓の高句麗墓が、檀君の墓と伝えられてきた。かつて、ここで檀君の遺体が見つかったと、大騒ぎになったことがある。一九九三年からはじまった考古学調査によって、男女の人骨が出土し、五〇一一（±二六七）年前のものと判明した。これが、檀君にほかならないと大騒ぎになったのだ。そしてすぐに、巨大なピラミッド状の檀君陵が（新たに）造られた。底辺が一辺五〇メートル、高さが二二メートルある。

ちなみに、「檀君の骨」は、歴史記述よりも年代的に新しいのだから、決定的ではないし、真偽の意見は分かれる。北朝鮮が国威発揚のために、「檀君はいた」と、喧伝したくなる気持ちはよくわかるが、諸手を挙げて賛同できる話でもない。

檀君神話最古の記録は十三世紀後半（高麗《こうらい》時代）に成立した『三国遺事《さんごくいじ》』と『帝王韻紀《ていおういんき》』に残されている。神話そのものは、キタイ（契丹《きったん》）の高麗侵攻のころ、十～十一世紀に成立したと考えられている。民族の危機を救うためのアイデンティティが求められたと思われる。

『三国遺事』に記された檀君神話の概要は、以下の通り。

檀君の祖父の桓因《かんいん》は、仏法を守護するインドラ神（帝釈天《たいしゃくてん》）だった。その庶出《しょしゅつ》の子が桓雄《かんゆう》で、三〇〇〇人の家来を率いて、太伯山《たいはくさん》の頂上の神檀樹《しんだんじゅ》に降り立った。風、雨、雲の神をつれ、穀物、生命、病気、刑罰などの善悪を司って人びとを教え導いた。

桓雄は人の姿になって熊女《ゆうじょ》と結婚し、檀君が生まれた。母は熊で、人間に変身したいというクマとトラが、桓雄から霊妙なヨモギとニンニクを与えられ、百日間それを食べて物忌みすればよいということだったが、クマだけが試練に耐えたという。熊女は神檀樹の下で願掛けをして、檀君を身籠もった。

檀君は平壌を都にして、「朝鮮」が誕生した。先ほど示した開国の日「開天節」は、『東国通鑑《とうごくつがん》』の記述を根拠にしているが、実際にはその即位年は、諸説あって定かではない。その統治の範囲は、高句麗の領域も含み（事実かどうかはわからない）、北東アジアの非中国世界のさまざまな種族を統合した理想的な帝王になっている。

檀君は一九〇八歳まで生きるのだが、山神になって隠れてしまう。周《しゅう》の武王が即位した年、箕子《きし》を朝鮮に封じたからだ。箕子は実在の人物である。

衛氏朝鮮と古朝鮮

ここからは、歴史にもどる。朝鮮半島に環壕集落が出現したころ、箕子朝鮮の歴史がはじまる。檀君、箕子とこの後に続く衛氏朝鮮を「古朝鮮」と呼ぶ。

紀元前十二世紀のことだ。中国の殷《いん》の王の子・箕子は、賢人で聖人だった。周の武王は殷が滅んだ後、箕子を敬って朝鮮に封じた。箕子は先住の民を教化し、朝鮮半島繁栄の基礎を築いたという。

ちなみに、箕子を祀った箕子廟や箕子墓も存在するが、今ではほとんど無視されるようになったわけだ。箕子が中国出身だからだろう。そのため、朝鮮民族の祖は檀君ともてはやされるようになった。

それはともかく、朝鮮半島で大きな変化が起きたのは、前漢の時代だ。

ここで、燕が匈奴とともに登場する。

匈奴は、モンゴル高原を中心とするユーラシア・ステップで暮らしていた遊牧民（部族連合）で、東は濊貊《わいはく》と朝鮮に接していた。紀元前三世紀頃から数百年の間に繁栄を誇り、たびたび中国王朝の北辺を脅かし続けた。漢の高祖や武帝もてこずったほどだ。

さて、燕は前漢に背き、匈奴に降服してしまったが、燕に仕えていた燕の武将・衛満《えいまん》（中国人なのだが、近年韓国では、「朝鮮半島出身」と主張されている）は、身の危険を感じ、朝鮮に亡命した。そして、日本の戦国時代の斎藤道三顔負けの国盗り物語を展開していく。

衛満は前漢の圧力から朝鮮半島北西部を守ると唱え、燕の亡民や土着勢力をまとめ上げた。秦や漢は混乱していたから、亡命してきた人びとは数万にのぼった。

衛満は巧みに戦略を練った。「前漢が攻めてきた」と偽り、「守る」と唱え、箕子朝鮮の王都に乗り込むことに成功したのだ。そしてそのまま居座り、衛満は紀元前一九四年に箕子朝鮮の最後の王・箕準《きじゅん》を追放して国を立ち上げた（都は平壌付近といわれる）。これが衛氏朝鮮で、三代目の王が朝鮮半島を開拓して繁栄をもたらした。

ところが、皮肉なことに、未開の地の朝鮮半島が開けたことによって、お宝になってしまい、前漢の武帝は領土的野心を抱いてしまった。このため紀元前一〇九年に、衛氏朝鮮は武帝に滅ぼされてしまった。そして翌年、朝鮮半島に四つの郡が置かれた。その中でも楽浪郡が中心的存在で、以後約四百年間にわたり、楽浪郡は中国王朝の東方支配の要の地位を守った。中国文明と文化は、楽浪郡を通じて朝鮮半島にもたらされたし、日本列島にも多大な影響を与えた。

ただしその後、北方の騎馬民族・高句麗が南下してきて、前漢は遼東に後退した。また、楽浪郡の住民は、朝鮮半島南部に逃れ、小国を形成するようになった。

『三国志』と邪馬台国がつながっていた

一世紀初頭、前漢末期、中国では、天候不順（寒冷化）によって食糧が不足し、戦乱が巻き起こり、人口も激減していく。中国の文明は盛衰をくり返しながら世界一長い期間続いてきたが、その代価は大きく、人口増を招き、戦争が勃発し、強い武器を求めてさらに文明は発展し、冶金《やきん》が盛んとなり、燃料となる森林を切り尽くしてしまった。その結果の天候不順であり、飢餓である。歴代中国王朝が長続きしないのも、森を失ったからだ。そして、騎馬民族が漢民族を苦しめるようになった（森林が失われたため、大平原を騎馬が疾走するわけだ）。

混乱の末、前漢の皇族・劉秀《りゆうしゆう》（光武帝《こうぶてい》）が新たな王朝・後漢を開いたが、黄巾《こうきん》の乱（一八四年）で、一気に衰退したのだ。

中国の混乱と衰退は、朝鮮半島にも影響を及ぼす。朝鮮半島南部では、韓や濊が勢いを増し、後漢は北側の楽浪郡やその支配下の県の統制がとれなくなった。そこで、その地域の人たちの多くが韓諸国に流れこんだ。日本列島も騒乱状態に陥っている。倭国大乱の遠因は、後漢の衰退と滅亡にあった。

中国は三国時代を迎え、魏《ぎ》・呉《ご》・蜀《しょく》が鼎立《ていりつ》した。『三国志』『三国志演義《さんごくしえんぎ》』の世界だ。もちろん、この時代も、朝鮮半島は影響を受けている。遼東郡の豪族・公孫《こうそん》氏が楽浪郡を支配するようになったのだ。西暦一九〇年には自立し、二〇四年には、朝鮮半島南西部の韓・濊族の圧迫を防ぐために楽浪郡をふたつに分け、帯方《たいほう》郡を建て、朝鮮半島南部に睨みをきかせるようになった。こうして、韓族も倭人も、帯方郡に属すようになった。「魏志倭人伝」の邪馬台国《やまたいこく》に至る記事の中で、起点となっていたのが楽浪郡ではなく帯方郡だったのは、このためだ。

二三三年、中国南部の呉の孫権《そんけん》が魏を挟み打ちにする策を思いつき、遼東に使者を送り、公孫淵を「燕王」に封じた。公孫氏は高句麗にも近づいている。

魏は負けじと、公孫淵《こうそんえん》に接近し、味方に引き入れる工作をはじめたようだ。二三三年、公孫淵は魏の圧力に屈し、呉を裏切る。ところが二三八年、魏は、公孫氏を追い詰め、高句麗にも攻め寄せた。公孫氏はあっけなく滅び、こうして魏は遼東に進出したのだった。油断も隙もあったものではない。

邪馬台国の卑弥呼が魏に接触を試みたのは、ちょうどこの時だ（卑弥呼《ひみこ》も抜け目ない）。「魏志倭人伝」には、倭国の女王（邪馬台国の卑弥呼）が景初二年（二三八）に使者を遣わし郡（帯方郡）に至ったとある。実際には翌年（景初三年）の話なのだが……。

皇帝は卑弥呼を親魏《しんぎ》倭王《わおう》となし、印綬《いんじゅ》（金印）を賜った。卑弥呼は魏帝の外臣となった。また、特別に、「汝に好物を」と銅鏡《どうきょう》百枚（目録）を賜り、国中の人びとに見せるようにと伝えた。鏡は、翌年、帯方郡を通して送り届けられている。

朝鮮半島に生まれた三つの国

この時代の朝鮮半島の韓族は、おおよそ三つの地域に分かれていた。『三国志』韓伝（『三国志・魏書』烏丸《う がん》鮮卑《せんぴ》東夷《とうい》伝韓条）に、その様子も描かれている。ちなみにこれは、邪馬台国が記録されている「魏志倭人伝」の直前の記事だ。ここに、加耶の原初の姿が描かれている。そこで、三つの地域の記述を順番に並べてみよう。

「韓は帯方郡の南にあり、東西は海をもって限りとなし、南は倭と接す。方四千里ばかり。三種あり、一に馬韓《ばかん》といい、二に辰韓《しんかん》といい、三に弁韓《べんかん》という。辰韓とは、古《いにしえ》の辰国のことだ」

そこでまず、のちに百済となる南西部の馬韓（騎馬民族の扶余族が王家を形成していたようだ）の記事を追っていこう。

馬韓の人民は土着の民で、耕作や絹を作ることを知っている。綿布も織っていた。（馬韓の中の）それぞれの国には権力者がいて、強い者は「臣智《しんち》」と言い、次は「邑借《ゆうしやく》」と言った。国々は山の間や島に散らばっていて城郭を築かない。五十余国が併立し、大きな物では一万余戸、小さい物は数千戸の人家があり、馬韓全体では十数万戸になる。

韓伝の記事は、ここで一度、韓族全体の話になる。まず、辰王にまつわる話だ。辰王は馬韓の

原三国時代の朝鮮半島

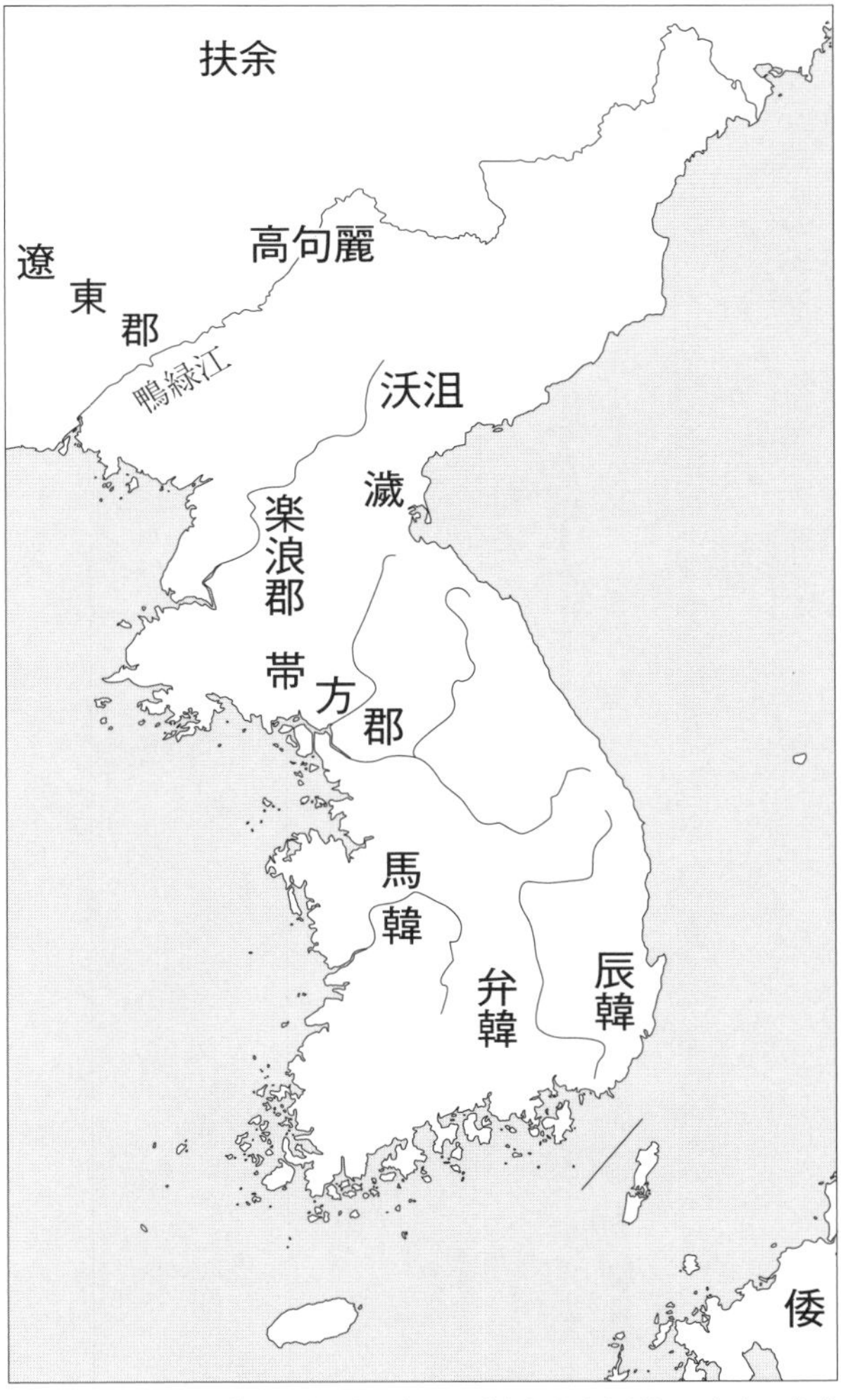

山本孝文『古代韓半島と倭国』（中央公論新社）を参考に作成

月支国《げつし》を拠点にして、弁韓十二国を統治し、三韓に君臨していく首長とされている。

ちなみに、日本の学者は辰王が実在したかどうか、眉に唾することが多いが、朝鮮半島の学者たちは、辰王は実在し、専制王として治めていたのは辰国で、これが大きな国だと考える。

辰王に立っていたのは馬韓人で、都を馬韓の月支国に置いていたという。魏の官爵を借用して統治に臨み、辰韓や弁辰（弁韓とも。のちの加耶諸国）のおよそ半分を従えていたという。また、辰国は三世紀前半の五十年間弱続いて滅びたとある。これは邪馬台国の卑弥呼の時代にも重なっている。そこで、『三国志』の記事だ。

辰王は月支国を治めていた。辰王の臣下には、魏から官名《かんめい》を受けている者もいた。

韓は中国の漢代に、楽浪郡に属し、季節ごとに郡に挨拶に来ていた。後漢の桓帝《かんてい》・霊帝《れいてい》時代（一四六年〜一八九年）の末になると、韓と濊が力をつけ、楽浪郡の手に負えなくなった。しかも、多くの人たちが韓に流入していった。建安《けんあん》年間（一九六年〜二二〇年）になると、公孫康《こうそんこう》が楽浪郡の南側の荒地を分割し、帯方郡を新設し、さらに魏の明帝《めいてい》が兵を差し向け、帯方・楽浪の二郡に直接支配が及ぶようにし、さらに帯方と楽浪の連合軍は、韓族を制圧した。

このあと、韓族の風俗などが記されていく。

韓の人びとの風俗は、法律が少なく、村落は入り乱れ、統轄できないでいる。跪《き》拝《はい》の礼はなく、土の家に草の屋根を葺き、中国の冢《つか》［はか］のようだ。墓に死体を埋めるとき、槨《かく》はあるが棺はない。牛馬を乗用にすることはなく、副葬してしまう。珠玉《しゅぎょく》を財宝にし、服に縫い付け、首飾りや耳飾りにする。

韓の人びとは、強く勇猛で、国を挙げて何かを行うときは、少年たちは勇ましく、一日中叫び声を上げて作業しても、苦痛とは思わない。

毎年五月には種蒔きを終えて、鬼神《きしん》を祀る。歌って踊って昼夜休まない。リズムは中国の鐸舞《たくぶ》のようだ。十月に収穫を終えて、また祭をする。鬼神を信じ、都ごとにひとり選び、天神《てんじん》を祀る司祭に立て、天君《てんくん》と名付ける。

また、国ごとに蘇塗《そと》と呼ばれる村がある。大木を立て、鈴と鼓《つつみ》をかけて、鬼神に仕える。逃亡者がやってくると、追っ手に引き渡すことはない（いわゆるアジール）。そのため、盗賊が多い。

「韓」の原初の姿

『三国志』の記事を続けよう。

馬韓の北部の帯方郡や楽浪郡に近い地域では、やや礼儀をわきまえているが、遠い国では、囚人や奴婢《ぬひ》が集まったにすぎない状態だ。

馬韓には珍しい宝はない。動植物は中国と似ている。馬韓の男には、時々イレズミをしている者がいる。また、馬韓の西の海上に大きな島があり、そこが州胡国《しゅうこ》で、住民の背は低く、言葉は韓族と異なる。鮮卑《せんぴ》族のように坊主頭で、なめし革を着て、好んでブタを飼う。衣服は上部があって下部はなく、ほとんど裸だ。船を使って往き来し、韓国中で貿易をしている。

辰韓は馬韓の東方にある。辰韓の老人たちは、次のように語り継いできた。

「昔、（中国の）秦の時代に、労役を避けて韓国に逃げてきた者たちに、馬韓は東部の地域を割いて与えた。それがわれわれなのだ」

辰韓には砦がある。馬韓と言葉が異なり、国を邦《ほう》と言い、弓を弧《こ》と言い、賊を寇《こう》と言い、秦人《しんひと》の言葉に似ているところがある。ただ、燕や斉の物の名が伝わったのではないことがわかる。楽浪郡の人びとを阿残《あざん》と呼んでいる。東方の人びとは自身を「阿《あ》」と言い、楽浪郡の人はもともとの土地に残留した人だ。今、辰韓を「秦韓《しんかん》」と呼ぶ者もいる。初めは六国だったが、分かれて十二国になった。

弁辰も十二国ある。別邑《べつゆう》（小さな国）があり、それぞれに渠帥《きょすい》（首長）がいる。その中でも勢いのある者は臣智《しんち》と名付け、その次に力のある者を険側《けんそく》と名付け、それ以下の者にも名がある（省略する）。弁辰十二国の大国は戸数四〜五千、小国は戸数六〜七百で、総計四〜五万戸である。

辰韓十二国は辰王に服属している。辰王はつねに馬韓の人をあてて、世襲している。辰王は馬韓から独立して王になることはできない。

弁辰は肥沃な土地で、五穀や稲を作るのによい場所だ。蚕《かいこ》を飼い桑を植え、布を織り、牛馬に乗り、車をひかせたりする。婚姻儀礼は男女の区別があり、死者を送るに際し、大鳥の羽を飾る。羽で天に飛ばすためだ。

弁辰の国々は鉄を産出し、韓・濊・倭の人びとはみな、この鉄を採りに来る。商取引には鉄を用い、中国の銭（銅銭《どうせん》）と同じように使う。鉄は、帯方と楽浪の二郡に供給されている。

弁辰の人びとは歌舞《かぶ》や飲食を好む。子供が生まれると石で頭を圧迫し、平らにしようとする。だから辰韓の人々はみな、扁平な頭をしている。男女の風習は倭人に似ていて、男女ともイレズミをしている。戦いは歩戦で、兵器は馬韓と同じだ。弁辰では、道で人とすれ違うとき、立ち止まって道を譲る。

弁辰は辰韓の人と入り交じって暮らしている。城郭がある。衣服や住居など、辰韓と同じだ。習俗は似ているが、鬼神の祀り方が異なる。竈《かまど》は家の西側に作る。弁辰の瀆盧《とくろ》国は倭と隣り合っている。弁辰の十二の国にはそれぞれに王がいる。弁辰の人は背が高く、衣服は清潔で、髪は長く延ばしている。幅の広い、目の細かい布を織る。規律はとても厳しい。


これが、『三国志』韓伝の内容だ。朝鮮半島南部の「韓」の原初の姿が記録されていて、これらの地域が、三世紀から四世紀にかけて、新羅、百済、加耶へとまとまっていく。

三～四世紀の朝鮮半島情勢

三世紀前半から中葉にかけて、朝鮮半島南部に、中国系の鏡などが現れる。中国から直接もたらされたのか、あるいは帯方郡経由か、はっきりしない。または、すでに一世紀、二世紀ごろ、中国の文化や北方の文化を採り入れていた可能性も指摘されている。また、加耶地域を経由して、弥生時代後期の北部九州沿岸部に、中国系の文物がもたらされていたわけだ。すでに朝鮮半島南部は、東アジアの交流のジャンクションや流通センターに成長していたのである。

ちなみに、百済王家の姓が「余《よ》（餘《よ》）」なのは、彼らが騎馬民族の「夫余《ふよ》族」出身だからではないかと考えられている。だから百済王家はのちに「扶余《ふよ》」を名乗ることもあった。たとえば七世紀半ばに日本に人質として来日していた豊璋《ほうしょう》は、扶余豊《ふよほう》や余豊璋《よほうしょう》を名乗った。これは余談だが、豊璋は中臣鎌足と同一人物と思われる（拙著『豊璋 藤原鎌足の正体』）。

加耶に話を戻す。加耶の東側の地域は、半島東南部ののちの新羅との縁が強かった。辰韓は隣接する洛東江《ナクトンガン》流域の弁辰と雑居していた。

これら朝鮮半島南部の小国家群は、一世紀の半ばごろから、楽浪郡に朝貢を始めた。これを受けて魏は「邑君《ゆうくん》（邑長《ゆうちょう》）」の印綬を授け、魏の外臣であることを認めた。邑君たちはこうして冊《さく》封《ほう》体制に組み入れられたわけである。

また、中国側の認識では、「韓」は帯方郡の南側を指していて、高句麗は「韓」ではなかったようだ。韓族の住処は朝鮮半島南部であり、帯方郡の南側だった。さらにその先に、倭人が住んでいた。

すでに触れたように、魏は二三八年に公孫氏を滅ぼし、二四六年には三韓を支配していた辰王政権も滅ぼした。さらに、二六三年に魏は蜀を滅ぼすが、このあと魏では、禅譲を受けた司馬炎により晋《しん》王朝（西晋《せいしん》）が誕生し、二八〇年には呉も滅ぼしてしまった。ただし、万里の長城の外側には多くの遊牧集団がたむろし、さらに、多くの異民族が中国に流入していた。そのため人口の半数近くが異民族で、二九一年に内乱が勃発すると（八王《はちおう》の乱）、諸勢力は異民族の力を借りるという悪手に出た。

一方朝鮮半島では三一三年、高句麗が楽浪・帯方郡を滅ぼし、漢人や北方民族が百済や高句麗へ流れこみ、ところてん式に、夫余人などが朝鮮半島南部に押しやられたと考えられている。そう疑わざるをえないほど、朝鮮半島南部に、北方系の文化が集まったたし、「背が高い」という記事も、無視できなくなってくるのである。

こんな状態だったから、三〇四年に隙を突いて匈奴の劉淵《りゅうえん》が「漢王《かんおう》」を自称し、晋から独立した。三一六年には西晋が崩壊し、三一七年に、東晋《とうしん》が呉の地に建国される。呉は土着の豪族たちが割拠した地域で、東晋は亡命政権にもかかわらず、正当性を訴えていた。一連の混乱を通じて華北には、北方民族が大量に移住してくるようになった。ここからいよいよ、五胡十六国《ごこじゅうろくこく》時代に突入する。また、高句麗は、四世紀初頭に、楽浪と帯方の二郡を奪い取り、朝鮮半島の南部では、百済と新羅が建国された。

このあと中国に統一王朝が誕生するのは、六世紀後半の隋の建国まで待たねばならぬ。

狗邪韓国が加耶発祥の地

話は加耶にもどる。『三国遺事』に、五加（伽）耶の記述がある。阿羅《あら》加耶（今の咸安《ハマン》）・古寧《こねい》加耶（もとの咸寧《ハニヨン》）・大《だい》加耶（今の高霊《コリヨン》）・星山《せいざん》加耶（今の京山《キヨンサン》、碧珍《へきちん》）・小《しよう》加耶（今の固城《コソン》）の五つだ。「駕洛《から》国記」には六加耶が記録されている。大駕洛（金海《きんかい》にあった加耶国）と五加耶（阿羅加耶・古寧加耶・大加耶・星山加耶・小加耶）だ。また『三国史記』新羅の奈解尼師今《なかいにしきん》一四（二〇九）年条には、浦上《ほじよう》八国が登場する。浦上八国が謀って加羅を侵したため、加羅の王子は救いを求めて新羅にやってきたという記事だ。新羅は応じ、救援の兵を差し向けたとある。

同書《どうしよ》「勿稽子伝《こつけいし》」（勿稽子は奈解尼師今につかえる武将）には、浦上八国が謀って阿羅（加耶）国を討ち、阿羅国の使いが新羅に救いを求めてきたので、新羅の尼師今は、軍を差し向け救援し、破ったという記事が載る。『三国遺事』にも、勿稽子の時代の同様の記事が残されている。

浦上八国とは、慶尚道《キヨンサン》・全羅道《チヨルラ》の南海、沿岸地方一帯と考えられている。慶尚南道の金海以西の海岸地帯と言われ、弁辰（韓）期の事件ではないかと疑われている。要は、金官《きんかん》加耶と阿羅加耶の境界付近の南部に浮かぶ島や、そこから西側に延びる多島海こそ、浦上八国ではあるまいか。

また、「魏志倭人伝」に登場する対馬・一支《いき》（壱岐）・末盧《まつろ》・伊都・奴・不弥の六つの国と鉄と塩の貿易を行っていた交易圏を支えていた地域ではないかと考えられている。つまり、三世紀の朝鮮半島最南端の沿岸部で、何かしらの主導権争いが勃発し、弁辰に動揺が走っていたと考えられるのだ。

さて、倭と加耶は海で隔てられているが、加耶の南岸一帯は多島海で海人の楽園だったし、それにも増して、倭人は東アジアを代表する海の民だった。北海道と本州の間に世界有数の海の難所・津軽海峡が横たわるが、縄文人にとって障害になるどころか、恰好の交易路になっていた（『新版古代の日本9　東北・北海道』坪井清足・平野邦雄監修　角川書店）。当然、玄界灘《げんかいなだ》、対馬海峡を、人びとは自在に往き来していたわけだ。

日本列島はアジアの東の果ての孤島で、多くの文物が大陸や朝鮮半島からもたらされた。そし

3世紀後半の加耶諸国

西谷正『朝鮮考古学研究』(海鳥社)を参考に作成

てそのほとんどが、加耶を経由していたのだから、当然日本列島の諸勢力にとって、加耶諸国は最も重要視されていたわけだ。

その加耶の範囲は長い年月の間に移り変わったが、おおよそ、洛東江と蟾津江《ソムジンガン》の間にはさまれた一帯で、『三国遺事』(十三世紀の)には、阿羅加耶、古寧加耶、大加耶、星山加耶、小加耶、非火《ひか》加耶などの名が挙がっている。最後まで統一されなかったが、四世紀代には金官加耶(「魏志倭人伝」にある狗邪《くや》韓国)が、五世紀から六世紀中ごろまでは、大加耶が、盟主の地位に立っていた。

「魏志倭人伝」は、帯方郡から北部九州に至る行程を記し、その途中、朝鮮半島の海岸線を南に向かい、さらに東に進むと、倭の北岸の狗邪韓国(弁韓十二国のひとつ。現在の釜山市付近と考えられている)に着くと言っている。これが、加耶の南部の一大拠点で、のちの金官加耶である。狗邪韓国の「狗邪」は朝鮮語の音韻の「カラ」で、「カヤ」でもある。狗邪韓国がカヤ発祥の地だったわけだ。

ここは洛東江の河口付近に位置し、広い平野と古金海湾と呼ばれる天然の良港を備えていた。鉄の生産と海運によって、大いに栄えたのだ。

しかし、五世紀に高句麗に攻められ、衰退した。百済と新羅という緩衝地帯が存在しながら、なぜ北方の高句麗の騎馬軍団が半島の最南端に押し寄せてきたのか、その理由は、のちに触れる。

加耶の王墓

加耶諸国の支配階層や有力者は、山の頂に城を築き、尾根の頂部、山麓に古墳群を造った。初期には木槨《もっかく》墓を用い、五世紀中葉からは石槨《せっかく》墓や竪穴式石室墓が増え、高塚が形成されていく。五世紀後半になると横口式石室、六世紀に横穴式石室が造られていく。

慶尚南道金海市の大成洞《テソンドン》古墳群は、金海平野を望む標高二三メートルの細長い丘陵上に築かれている。丘陵周辺部を含むと、二世紀末から七世紀に至るおよそ一〇〇基の古墳がみつかっている。さまざまなタイプの墓と石室がみつかっているが、もっとも栄えたのは、三世紀末から五世紀前半で、規模が大きく副葬品も豪華なものが目立つ。立地もすばらしい。金官加耶国の首長の墓であろう。はじめは首長級墓が、四世紀前半からは首長（王）墓が登場している。首長墓には、複数の人間が殉葬《じゅんそう》され、短甲《たんこう》や挂甲《けいこう》、大刀《たち》などの武具類などが副葬されていた。首長墓は五世紀前半まで続いていく。

金官加耶（金海、釜山地域）には、主に北部九州から、倭系文物が持ち込まれていたが、四世紀中ごろになると、北部九州だけではなく、方々から集まりはじめ、ヤマト政権との関係が強まっていたと考えられている。

いろいろな器物を模した石製品、楯《たて》、矢筒《やづつ》にとりつける青銅器や巴形銅器など特徴のある形のもの、筒形青銅器（全長一五センチ前後、直径二・五センチほどの中空の銅製品。槍や矛の一部）、銅鏃《どうぞく》などだ。これらが金官加耶の王たちの墓に副葬されている。

金官加耶にもたらされたのは、日本列島の近畿地方を中心に、西は熊本県、東は埼玉県まで分布していた倭系文物で、ヤマト政権と加耶地域の強い政治的な結び付きと頻繁な交流が想定可能だ。交易が盛んな加耶諸国の中でも、他の地域との間には、これほどの交流はなかった。

加耶は多島海の優位性によって成長したが、五世紀後半に、中心は金官加耶から内陸部に移っている。大加耶（『日本書紀』には加羅や伴跛《はへ》）の勃興だ。洛東江中流域、慶尚北道高霊を中心とした地域だ。この大加耶が加耶諸国を束ねていくようになった。

ここが重要で、加耶の歴史の前半は南部の金官加耶が、後半は北部の大加耶が、盟主的立場にあった。また、内陸部の大加耶は、西側の海岸線まで細長く領土を延ばし、交易に活路を見出している。

『南斉《なんせい》書』に、加羅国（大加耶）は三韓（馬韓・辰韓・弁韓）の種族とあり、四七九年に、加羅国王・荷知《かち》が南斉に遣使《けんし》し朝貢してきたことが記録されている。東アジア社会に、華々しくデビューしたイメージだ。

そこで大加耶の高霊の古墳について、まとめておこう。

慶尚北道高霊《コリョ》郡は八つの「邑」に分かれていて、それぞれに山城と古墳群が造られた。くわしく見てみると、洛東江にそそぐ大伽川《テガチョン》を見下ろす高台に、古墳群が造られている。もっとも規模が大きいのは池山洞《ジサンドン》古墳群で、五世紀中葉から六世紀代に続く。山頂には山城が、平地には王宮が造営された。円形の墳丘で構成され、外周を外護列石《げごれつせき》が囲み、中心に竪穴式石室がある。尾根の高い場所に直径四〇メートルを超える特大型墳が五基（最大七三メートル）、一列に並び、高い稜線上に直径二〇メートルを超える大型墓が、中腹やそれ以下の場所には、直径一〇～一五メートルの古墳が存在する。高塚の石槨・石室墳だ。尾根の高さも利用して階級分けがなされている。尾根から山麓に計七百余基の墳墓がある。

殉葬も確認されている。三世紀から六世紀前半まで加耶諸国に広く続いた風習だった。殉葬者は死者と同時に埋葬されたこともわかっている。池山洞古墳群では、殉葬者が二八体に上る墓もあり、幼児や小児も含まれていた。現代的感覚から言えば、実に残酷なことだが、日本の古墳時代にも、殉葬の風習は残っていた。ただ、後に殉葬の代わりに埴輪《はにわ》が作られたと『日本書紀』は言う。ちなみに新羅では、五〇二年に、殉葬禁止令が出された。

加耶が栄えた理由

加耶は四世紀に成立し、南部の金官加耶は繁栄を誇ったものの、五世紀に高句麗の侵略を受けたあと、衰退の道をたどり、北部の大加耶が勃興した。しかし百済に領土を切り取られ、新羅に併呑されてしまう。欽明二十三年（五六二）に、加耶は滅んだ。

中国王朝から見れば、加耶は僻遠《へきえん》の地だ。楽浪郡、帯方郡からもっとも遠い半島の端っこに位置した。それにもかかわらず、「加耶がほしい」と、みなが触手を伸ばした土地でもある。その理由は、どこにあったのだろう。

加耶の強みはいくつもある。

まず第一に、肥沃な平地が存在した。東隣の新羅は山がちだった。百済は広大な平地を有していたが、この「障壁の少ない土地」であることから、敵の侵略を受けやすいという欠点をもっていた。

加耶は鉄の産地でもある。周囲の人びとが競って鉄を求めて集まってきていた。倭人も海を渡ってやってきた。鉄の農具は画期的な変革をもたらし、人口も増える。戦略物資として、鉄は貴重だった。

加耶の強みは、南岸に多島海が広がっていたことだ。海人にとって、多島海は貴重なハイウェイで宿り木で、家であり、城であった。潮の満ち引きや海流が多島海の海底の複雑な地形によって、流れを速め、船を押し進める。また、潮の流れを知らないよそ者は、潮にもて遊ばれ、前に進むこともできなくなる。多島海の海の民を絡め取ろうとしても、潮と地形に翻弄されて、海の藻屑に消えるのがオチだ。

加耶南岸は海人の楽園で、交易の民を育成しただろう。また、対岸に対馬と壱岐と日本列島が存在したことも、大きな意味をもっていた。

「はじめに」で触れたように、弥生時代後期の対馬の人びとは、南北に市糴《してき》（交易）していた。対馬は島のほとんどが山地で、平らな土地がほぼない。魚介類は自給できるが、農耕に適さず、穀物や野菜が不足する。当然、海を渡って交易をしなければ生きていけない。だから、壱岐や北部九州に出向いただろうし、「北」に向かったということは、加耶にも渡海していたわけで、対馬を起点に朝鮮半島と日本列島がつながっていたことがわかる。

「魏志倭人伝」を編纂した陳寿は、「なぜ農耕もできない場所に人びとが暮らしているのだ」と、なかば呆れた印象でこの記事を書いたかもしれない。しかし、大海原を自在に往き来できる優秀な海人にすれば、対馬は天国だった。敵が攻め寄せてくれば、入り組んだ津に逃げ込み、それでも追ってきたら、深い森や峻険な山に逃れることが可能だ。

鎌倉時代の元寇の襲来に際し、のっぺりとした壱岐の住民はほぼ全滅したが、対馬の住民は生き残っている。

それはともかく、加耶の強みは、対馬や北部九州の海人たちとネットワークを形成できたことで、東アジア有数の海の民の交易圏が成立していたことだろう。

鉄と交易によって富み栄えた加耶は強い王の発生を嫌い、中央集権的な統一国家を望まなかったのだろう。日本の戦国時代の堺の商人が自治都市を成立させていった様子と、よく似ているし、そもそもヤマトの古墳時代は、ゆるやかな連合体であり、「島国」だから「まとまって見えただけ」だった可能性がある。

この交易圏は、倭人にとっても貴重だった。さらに加耶がなくてはならない土地だから、周囲からの領土的野心の危機を、倭がはね返そうとしてくれた。だからこそ、加耶は栄えたのである。

ではなぜ、五世紀をピークに、加耶は衰退していくのか、なぜ、六世紀に滅びてしまったのか。その歴史を徐々に追っていこう。

混乱する東アジアとヤマト建国

日本では弥生時代後期、後漢が天変地異や飢饉、疫病の蔓延で疲弊し、さらに黄巾《こうきん》の乱（一八四年）が追い打ちをかけ、混乱状態に陥ると、東アジア全体が動揺した。そんな中、日本列島でも「倭国大乱」と呼ばれるような緊張状態が続き、瀬戸内海を中心とする各地に、高地性集落が造られた。

そしてそのあと、三世紀初頭になると、三輪《みわ》山麓の纏向《まきむく》（奈良県桜井市）にいくつもの地域の人びとが集まり、政治と宗教に特化した都市が、忽然と現れた。ここから四世紀にかけて、纏向で前方後円墳《ぜんぽうこうえんふん》も誕生し、三世紀後半から四世紀にかけて、これが各地に伝播し、埋葬文化を共有し、威信財《いしんざい》をヤマトが分配するという、ゆるやかなネットワークが完成していく。いわゆるヤマト建国である。

「魏志倭人伝」に登場する邪馬台国の卑弥呼が三世紀半ばに亡くなり、纏向の時代と重なっていたことがわかっている。

箸墓《はしはか》も三世紀半ばに造営された可能性が出てきて邪馬台国畿内論者の鼻息は荒いが、邪馬台国が畿内にあった確たる証拠は、まだまったく掘り当てていない。

「魏志倭人伝」の「邪馬台国は北部九州沿岸部から南に行ったところにある」の「南を東に読み替える」ことで、畿内論は成立するが、ここに無理がある。北部九州からみて東にあるヤマトが邪馬台国となると、卑弥呼の最晩年に邪馬台国が交戦した狗奴《くな》国は、「南にあったと記録されているから、本当は東から攻められた」と解釈しなければならない。しかし、ヤマトからみて東の勢力が攻め上ってきたり交戦した証拠は何もないし、それどころか、纏向が出現する直前かほぼ同時代の二世紀末から三世紀の初頭に、奈良盆地の東南の一帯に東海系の土器が出現している。纏向遺跡に集まった外来系土器の約半数が東海系だから、ヤマトと東が争っていたわけではない。

やはり、邪馬台国畿内説は、じつに怪しいし、邪馬台国論争に拘泥していると、本当の歴史を見失うことになる。もっとも大切なことは、「魏志倭人伝」に記された邪馬台国がどこにあったかではなく、邪馬台国と同時代のヤマト建国の真相とヤマトの王家の正体なのである。しかも、考古学は「ヤマト建国のいきさつ」について、ほぼ解明しているし（ヤマトが邪馬台国であったかどうかは、関係なく）、ヤマト建国のわくわくするような真相を突きとめている。

ここで、邪馬台国論争に深入りする気はない。何が言いたいかというと、ヤマト建国は中国の混乱が引き金になっていたこと、朝鮮半島も中国の圧倒的な支配から脱出しつつあったことだ。つまり、東アジア情勢が連動していたという事実こそ大切なのである。

ヤマトと加耶は連動していた？

そして、もうひとつ大切なのは、辰韓と弁韓が、ヤマト建国に一枚嚙んでいたと思われることなのだ。加耶と倭の発展は、三世紀から先、似通った運命をたどっている。たとえば鈴木《すずき》靖民《やすたみ》は「倭の政治動向は、加耶南部とも連動するかもしれない」と言う（『古代の日本と東アジア』勉誠出版）。その証拠に、金海の環濠集落と北部九州の環濠集落に「同時性」があると言うのだ。

そこで一度、話は朝鮮半島から飛び、ヤマト建国について考えておきたい。北部九州の強い王が東に向かって移動しヤマトが建国されたと長い間信じられてきたが、この発想はもう古い。考古学者は、ヤマト周辺の富や権力と無縁な人びとがヤマトに集まり、地方分権型の国家の基礎を造ってしまったと言いはじめている。考古学者の寺前直人《てらまえなおと》は、弥生時代後期の近畿地方南部は、縄文時代、弥生時代と継承されてきた石の流通ルートを堅持し、文明に抗う人たちだったというのだ（『文明に抗した弥生の人びと』吉川弘文館）。実際、ヤマト建国直前まで近畿地方南部は、鉄の過疎地帯であった。

また、設楽博己は、弥生時代後期、近畿地方から東海地方にかけて、銅鐸《どうたく》文化圏が広がっていたが、銅鐸が巨大化したのは、ひとりの強い王（首長）が祭器を独占しないための工夫だという（『縄文社会と弥生社会』敬文舎）。

その銅鐸文化圏の人びとがまずヤマトに集まり、これに釣られるように、出雲と吉備がヤマト盆地に集まってきた。そして、各地の埋葬文化が融合し、前方後円墳とヤマトが生まれた。だから、王も強くはなかった。中央集権型ではなかった。その証拠に、巨大な前方後円墳がある。巨大な墳墓だが、ヤマトの王が独占的に造っていたわけではないのだ。

世界の王墓は王家の住む都に造られたが、日本のヤマト政権下の前方後円墳は、ヤマトの王のみならず、地方の王にも、造営が許された。ゆるやかなネットワークの中心に、シンボルとしての王や大王（のちの天皇）が立っていたイメージだ。

また、三世紀に纏向に土器が集まって、そのままヤマトや山陰の大量の土器が、北部九州になだれ込んでいたことがわかってきた。もちろん、人の移動があったのだ。鉄と富を独占していた北部九州がヤマトの軍門に降り、朝鮮半島とを結ぶ航路も、解放されたのである。

これが、考古学から明らかになったヤマト建国なのだが、筆者はヤマト建国の前後、日本海と瀬戸内海の間で主導権争いが勃発していたと推理している。詳細は拙著『磐井の乱の謎』（河出書房新社）で述べているので、概要だけを述べておきたい。ここに、朝鮮半島南部の辰韓や弁韓がからんでいたと思われるから、どうしてもはずすことのできない話なのだ。

ヤマト建国の考古学

ヤマト周辺や東の人びとが、強い権力の発生を嫌い、富や鉄に無関心だったのは、縄文的な発想を継承していたからにほかならない。弥生時代の到来によって一気に縄文人は追いやられてしまったというかつての常識も、もはや陳腐なものになってしまっている（拙著『縄文文明VS.中国文明』ＰＨＰ新書）。

纒向に人びとが集まる直前、鉄器を大量に保有していたのは北部九州で、さらに山陰地方と越《こし》（北陸）にも鉄は運ばれていた。また、出雲が北部九州と手を組み、東のタニハ（但馬、丹波、丹後、若狭）を圧迫している。そして、出雲で発展した四隅突出型墳丘墓《よすみとつしゅつがたふんきゅうぼ》がタニハを飛び越え、越に伝わっていた。ここに新たな火種が生まれつつあった。出雲に対抗するためにタニハは、近畿地方南部や近江、東海地方に文物を送り込み、発展を促し、その結果、近江で前方後方墳《ぜんぽうこうほうふん》（前方後円墳ではない。念のために）が誕生し、東へ広めていった。

北部九州や出雲が恐れたのは、「東（ヤマトとその東側の地域）」の潜在的なパワーだった。この時代に至っても、人口密度は東が西よりも高かったのだ。また北部九州では、鉄剣で小競り合いをくり返していたが（遺骸の中に剣による殺傷痕がみられる）、東はもっぱら弓を得意としていた。鉄剣の方が強そうに見えるが、必ずしもそうとは限らない。遠方から射る弓矢の威力を侮ってはならない。黒曜石の鏃《やじり》も、想像以上の貫通力を秘めていた。鎌倉時代に武士は「弓取り」

と言われたように、中世に至っても、戦いの中心は弓矢だった。

また、奈良盆地は西からの攻撃に頗《すこぶ》る強く、逆に、北部九州は東から攻められるともろいという地政学上のアキレス腱を抱えていた（大分県の日田盆地）。北部九州の平野部から見て、日田は高台になっていて、難攻不落の要塞のような地形になっていた。だから、北部九州は鉄器を大量に抱え込みながら、「東」の発展を恐れた。そこで、北部九州は、壱岐、対馬を経由して弁辰（以下加耶）に通じる航路を支配し、出雲と手を結んだ上で、瀬戸内海の関門海峡と明石海峡を支配し、ヤマトを封じこめたようなのだ。北部九州の加勢を得た出雲は発展し、四隅突出型墳丘墓という巨大な王墓を造るようになり、この埋葬文化を東に向けて発信したが、タニハはこれを拒んだ。タニハは播磨に楔《くさび》を打ち込み明石海峡を奪い、北部九州の目論見は破綻した（くどいようだが、詳細は前掲拙著を参照していただきたい）。そして三世紀に、近畿や山陰勢力が、北部九州になだれ込んでいたわけだ。

ただし、これでヤマト政権が安定したわけではない。北部九州に勢力を伸ばしたのはタニハと畿内の勢力であり、関門海峡を死守したい瀬戸内海勢力（吉備）と利害が対立したのだ。最終的に勝利したのは瀬戸内海勢力で、北部九州沿岸部（旧奴国）から出雲、タニハに至る日本海勢力は、ここで一気に没落してしまう（考古学的に明らかだ）。日本海が復活するのは、五世紀末のこととなる（のちに再び触れる）。

ふたつの加耶とふたつの日本

なぜ長々とヤマト建国を語ってきたかというと、ヤマト建国の道筋をつけたタニハは、朝鮮半島東南部とのつながりを利用したのではないかと思えてならないからだ。

すでに述べたように、辰韓（以下新羅）の人びとは秦の労役から逃れて朝鮮半島にやってきて、馬韓が東の土地をあてがったという。馬韓（以下百済）は平地が多く、中国にも向かいやすいが、朝鮮半島の東南部の新羅は、北側を騎馬民族（高句麗）に押さえつけられ、西に百済が、西南には加耶が立ちはだかり、通交に制約があった。できれば、加耶の海岸線を自由に往来したかっただろうが、ここは加耶と北部九州の海人たちの領域だった。新羅は八方塞がりだったのである。どうすれば、朝鮮半島東南部の地域は発展できるのか。彼らは「同じ不便を感じている人びとが日本列島にいる」と、気づいたのではなかったか。それが、北部九州と敵対していたタニハである。

つまり、ヤマト建国と北部九州制圧というタニハの計画は、朝鮮半島東南部の勢力との共同作業だったのではないかと思い至るのである。

あるいは、朝鮮半島東南部の広い地域がタニハと利害を共にしていた可能性も疑っておきたい。新羅と加耶の人びとは雑居していたと言われ、まだはっきりとした国境のなかった時代のことでもある。同じ加耶でも、東側や内陸部（のちの大加耶など）の地域は、新羅と同じ悩みを抱えていただろう。沿岸部の浦上八国《ほじょう》が金官加耶を攻めたという話があるように、加耶と言っても一枚岩ではなく、東側の地域は西側の沿岸部を通るのに苦労していた可能性が高い。朝鮮半島東南部の主導権争いが、日本列島の騒動と重なっていた可能性は高いと思うのである。

北部九州の奴国（福岡県福岡市と周辺）と伊都国（福岡県糸島市と福岡市西区の旧怡土《いと》郡）がライバル関係にあったこと、かつて奴国が「倭国（おそらく北部九州連合）」を代表して後漢に朝貢していたが、次第に伊都国が力をつけて、逆転していた。そこでタニハは、奴国をヤマト連合に引きずり込み、奴国が伊都国に対抗し、独自に構築していたであろう朝鮮半島東南部のネットワークと手を組んだのではなかったか。

そう考えると、ヤマト政権内部に、ふたつの地域（日本海と瀬戸内海）の利害が対立し、朝鮮半島東南部でも、何かしらの利権（鉄の交易）をめぐって思惑の差ができて、対立軸が生まれ、彼我の敵と味方が、それぞれ手を組んだ可能性も出てきた。

なぜこのようなことを言いだしたのかというと、ここからはじまる加耶と朝鮮半島南部の歴史が「ふたつの日本」「ふたつの日本のそれぞれにつながっていたふたつの朝鮮半島南部」を想定しない限り、解けないからである。

たとえば、古墳時代（三世紀後半から七世紀初頭）のヤマト政権は瀬戸内海勢力（吉備であり、物部《もののべ》氏だと思われる）が主導権を握り続けたが（拙著『台与の正体』）、五世紀末に日本海勢力はようやく復活し、六世紀初頭に越《こし》の男大迹《おおどのおおきみ》王がヤマトに乗り込んでいる（継体《けいたい》天皇）。この復活劇を支えたのが、朝鮮半島東南部の勢力であり、新羅や加耶の一部だった。

また、六世紀半ば、加耶は滅亡する前に、ふたつの日本に翻弄されていた可能性が高い（のちに詳述する）。

朝鮮半島の加耶とヤマトのかかわりが見えてきたところで、話を朝鮮半島にもどそう。四世紀、五世紀の歴史を、ここから追っていこう。

高句麗の南下がはじまった

楽浪郡の南部分の帯方郡が分置された三世紀、朝鮮半島南部の濊や韓は、帯方郡に属し、また三世紀半ば以降、魏の冊封体制に組みこまれていく。ただ四世紀になると、朝鮮半島南部の馬韓、辰韓、弁辰（弁韓）は、百済、新羅、加耶諸国に固まっていった。

中国では、魏が呉や蜀を滅ぼしたあと、晋が建国されるも、戦乱が続き、五胡十六国時代（三〇四〜四三九）に突入する。四世紀のヤマト政権の様子が中国の歴史書から消えてしまうのは、ヤマト政権が中国に関心を失ったからだ。中国王朝が分裂し、異民族が侵入してしまって、どこに朝貢してよいのかさえ分からなくなったことが、大きな理由であろう。

また、中国が分裂状態に陥った隙に、朝鮮半島と日本列島では、国の土台造りがはじまったわけである。

一方高句麗の勢いは盛んで、中国の混乱に乗じて、四世紀初頭、楽浪郡と帯方郡を奪っていた。ただし、高句麗は四世紀半ばになると、五胡十六国の強国・前燕《ぜんえん》（鮮卑族）に攻められ、大きな被害を受け、やむなく臣従し、前燕の冊封体制に組み入れられている。

また、三六九年に高句麗は百済を攻めたが、百済の近肖古王《きんしょうこおう》（百済の初代王ではないかと推理されている）の返り討ちにあい、敗れてしまった。そして三七一年に、近肖古王と王世子《せし》（王の後継者）である近仇首王《きんきゅうしゅおう》は平壌に攻め入り、戦いの中で高句麗王を斃《たお》した。

この直後、百済は中国南朝の東晋に使者を送り、鎮東《ちんとう》将軍領楽浪太守に封ぜられて、虎の威を借りてもいる。ただ皮肉なことに、この称号を得てしまったために、高句麗と戦い続ける宿命を負ってしまったわけだ。そしてこのあとの百済は痛い目に遭っている。

これが、百済の最初の絶頂期かもしれない。百済が倭国に七支刀《しちしとう》を贈った背景には、このような事情が隠されていたようだ。

七支刀は「泰《たい》（太）和《わ》四年（三六九）」に作られ、三七二年ごろ日本にもたらされた可能性が高い。倭国の軍事力を朝鮮半島に引きずり込もうと躍起になったのだろう。七支刀は石上《いそのかみ》神宮（奈良県天理《てんり》市）で祀られる。六一文字の金象嵌《きんぞうがん》が施されていて、「百済王がこれまで見たこともないような百練の鉄の七支刀を造り、倭王に贈った」とある。

結局三九六年、高句麗は大軍をもって百済の多くの城を攻めた。高句麗が南進をはじめたのだ。その様子は、広開土《こうかいど》王碑《おうひ》文《ぶん》に詳述されている。おおまかな内容は次の通り（年号は西暦）。

百済と新羅はもと高句麗の属民で、高句麗に朝貢していた。ところが三九一年、倭が海を渡ってきて、百済、加耶〔任那あるいは加羅〕、新羅を破り、臣民《しんみん》にしてしまった。そこで三九六年、広開土王はみずから軍を率い、百済軍を討ち滅ぼし、数々の城を攻め落とすと、百済は高句麗に従うことを誓った。残主（百済王）は生口《せいこう》（奴隷）一〇〇〇人、細布《さいふ》一〇〇〇匹を差しだし、「以後、長く奴客となります」と、屈辱的な誓約を行い、五十八の城と七〇〇の邑を手放してしまった。（ちなみに「残主」とは、百済を蔑み、卑しんだ呼び名である）。けれども三九九年に百済は倭と通じ百残（百済）は誓いを違え、倭と通じてしまって（和通す）、新羅にも倭人が満ちあふれ、城池を潰破《かいは》すると訴えてきたので、四〇〇年、広開土王は歩騎五万を遣わし、新羅を救援し、満ちていた倭賊を打ち破り、これを追い、任那加羅に至り、城を落としていった。ところが、四〇四年、倭は帯方郡まで押し寄せてきた。広開土王は迎え撃ち、多くの兵を殺し、倭を破った……。

ここで注目すべきは、ふたつある。まず第一に、明らかに倭国が、朝鮮半島に軍事介入していたことだ。そして第二に、高句麗が朝鮮半島最南端の加耶（任那加羅）まで攻め込んでいたことなのである。

広開土王碑文に登場する残主（百済王）は阿莘《あしん》王（阿花《あか》王）で、高句麗との関係が緊迫したために、倭国に七支刀を贈ったわけだ。高句麗はそれを、百残（百済）が倭と通じたと察知し、軍勢を朝鮮半島最南端まで派遣したことになる。

この高句麗の攻撃によって、それまで加耶諸国の中で盟主的地位を築いていた金官加耶は衰退し、五世紀後半から北側の大加耶が繁栄する。大加耶様式の土器や竪穴式石槨が周囲に広まっていく様子が、考古学的にわかっている。ここで不思議なのは、なぜ騎馬民族の高句麗が、やすやすと朝鮮半島南部まで来られるのかである。

しかし、答えは簡単だと思う。答えを握っていたのは新羅だ。

古代朝鮮半島の歴史を知る上で鍵を握っていたのは新羅

古代朝鮮半島の歴史を探る上で、鍵を握っていたのは、「出遅れ組」の新羅（辰韓）だ。地政学的に、もっとも不利な場所に位置し、発展のチャンスはなかなか訪れなかったが、しぶとく生き残り、それどころか、最後の最後（六七六年）、朝鮮半島を統一して三国時代を終わらせている。そこに至る道のりは長いのだが、ヤマト政権や加耶諸国、あるいは百済や高句麗との間に、巧みな外交戦を展開していく。新羅という国が誕生する以前から、辰韓や朝鮮半島東南部の人びとは、生き残りの道を模索していたのだ。新羅は日本や加耶にとって高句麗という脅威からの緩衝地帯にもなったし、時に、高句麗の味方となって騎馬軍団の通路にもなった。だから、新羅的には、加耶や日本を脅す手段のひとつに、「高句麗」があったわけだ。

その、朝鮮半島東南部の人びととヤマトの関係について、ヤマト建国以前の状態から、少し触れておきたい。

閉じ込められるような場所に暮らしていた彼らは、ヤマト建国直前のタニハの動きを歓迎しただろうし、後押ししていたと思われる。しかし、瀬戸内海勢力の裏切りによって、日本海勢力は没落してしまった。主導権争いに勝利した瀬戸内海勢力は、ヤマトの中枢に立つだけではなく、瀬戸内海→関門海峡→北部九州→壱岐→対馬→加耶→百済→帯方郡→中国王朝へつながる航路を手に入れた。瀬戸内海主導のヤマト政権にとって大切なのは、加耶と百済であり、この政策が、古墳時代を通じて維持されていく。途中、六世紀初頭の第二十六代継体天皇の出現で、親新羅派が台頭したこともあったが、基本的には、ヤマト政権は加耶と百済をもっとも重視していたわけだ。地政学的に見ても、これは当然のことだ。

一方、新羅や加耶の一部の国々（奴国と手を組んでいた地域）にとって、日本海勢力の敗北は痛手だっただろう。加耶沿岸と百済を経由して中国に向かう道は、閉ざされたのである。そうなれば、百済と敵対する高句麗と手を結ぶことを考えただろう。

広開土王碑文とは別に、もうひとつ広開土王の子・長寿王《ちょうじゅ》が石碑を建てていて、ここに、高句麗と新羅の関係が記されている。それが「中原高句麗碑《ちゅうげん》」だ。高句麗と新羅は「兄弟のように、上下相和し」と書かれている。高句麗は最初新羅を圧迫したが、そのあと新羅と手を結び、百済に対抗していたわけだ。新羅にとっても、都合が良かったのである。

ただし新羅は、高句麗だけを重視したわけではない。弱小国ゆえに、保険をかける必要があった。『隋書』倭国伝には、次の一節が残されている。

新羅・百済は、皆倭を以て大国にして、珍物《ちんぶつ》多しと為《な》し、並《ならび》に之《これ》を敬仰《けいぎょう》して、恒《つね》に使を通じて往来す

百済と新羅は高句麗の南下を恐れ、いざという時に、フリーハンドな（背後の憂いのない）倭国の軍事力をあてにしていた。ただ、本心から倭国を「敬仰」していたかどうかは、実に心許ない。

ただし、ヤマト政権が置かれた地政学的な優位性は揺るぎなく、かつて信じられていたような騎馬民族日本征服説を支持することはできないし、考古学ももはや「強大な渡来系による征服劇」を想定していない。

古代日本の本当の立場

朝鮮半島とヤマト政権の関係を理解するために、この時代の日本の本当の立場を、知らねばならないと思う。日本が常に先進の文物を朝鮮半島からもらいうけ、風下に立っていたというイメージが強いが、むしろ政治的には、ヤマト政権が優勢だったことを知識として覚えておく必要がある、ということなのだ。

たとえば新羅は、高句麗とヤマト政権の両方に人質を送っていた。一方ヤマト政権は、新羅に人質を送り込んでいない。この事実も、日本と新羅、さらには加耶の立ち位置を考える上で、無視できない現象だと思う。

新羅だけではない。百済も人質を日本に預けた。『三国史記』には、百済は四世紀末、ヤマト政権とよしみを結ぶために太子の阿莘王（阿花王）を「質」として倭国に送ったと記されている。ただ、新羅の場合、同時期に高句麗にも人質を差し出していた（『三国史記』『三国遺事』）。また、高句麗も人質を受け入れているが、他の国に人質を送り込むことはなかった。朝鮮半島南部をはさむふたつの国が、優位に立っていたわけだ。

ただし、新羅も曲者で、四二五年に、人質たちは新羅に戻ってきている。まるでスパイ合戦のようなスリリングな作戦で、ヤマト政権から人質を逃亡させたのだ。新羅から亡命してきたと嘘をついた工作員が、人質逃亡の手助けをしている。そのあと、工作員は正体をヤマト側に告げ、捕縛され、火あぶりにされた（『三国遺事』）。『日本書紀』にも、似た記事が残されている。

新羅にとって、人質を取られるのは、やはり屈辱であり、好き好んで王族を差し出したわけではなかったことが分かるし、人質奪還の執念の強さに驚かされる。そして、北の高句麗と東のヤマト政権、両方にすり寄らないと生き残ることのできない新羅の悲劇が、見てとれる。基本的に、この時代の新羅は高句麗が頼りだったが、ヤマト政権にも気を使う必要があったのだ。

もっとも、最後の最後に、新羅は朝鮮半島を統一してみせるのだから、この時代の苦しみが、やがて「民族の力」となっていったことは間違いないし、新羅発展のひとつの大きなきっかけは、加耶併呑《へいどん》にあったわけで、その点でも、新羅の窮状は、無視できないのである。

また、ヤマト政権の「意外な政治力」という点に関して、次の話がある。『三国史記』と『日本書紀』には、四〇五年に百済の阿莘王が亡くなり王位継承問題が勃発したとき、ヤマト政権が介入したとある。人質として来日していた腆支《てんし》を送り返し、王に立つように後押しした。明らかな内政干渉である。

ちなみに、このようなヤマト政権の優位性を、小帝国、小中華思想の芽生えだという意見もある（熊谷公男『日本の歴史03　大王から天皇へ』講談社）。ヤマト政権がどのように考えていたのかについて、深入りはしないが、朝鮮半島と日本列島の地政学上の決定的な差は、たしかにあったのだ。そして加耶も、そんな日本の優位性に頼ることが大きかったと考えられる。

その一方で、古代日本が朝鮮半島から多くの知識人や技術を取り入れていたことも事実だ。たとえば、応神十四年に百済から衣縫工女《きぬぬいおみな》（着物を造る女性の技術者）を、翌年には百済王が阿直岐《あちき》を遣わしてきた。良馬二匹を貢納してきて、軽《かる》の坂（奈良県橿原《かしはら》市大軽《おおがる》町）の上の廏《うまや》で阿直岐に飼育させた。阿直岐は経典にも通じていた。応神天皇は阿直岐に、「あなたより勝る知識人はいるのか」と尋ねると、王仁《わに》の名が挙がった。そこで百済に王仁を請うた。すると翌年、王仁が来日したという。応神三十九年には、百済王の妹が七人の婦人を率いてやってきて、仕えたと『日本書紀』は記録する。

朝鮮半島の人びとがお人好しだから、新技術や知識を無償で倭国に与えるのではない。何かしらの見返りがあったはずで、それは何かというと、ヤマト政権の軍事力であろう。

仲の悪かった倭と新羅

もうひとつ、この章の終わりにどうしても確認しておきたいことは、日本と新羅が長い間仲違いしていたことだ。

『三国史記』や『日本書紀』を読めばわかるとおり、倭やヤマト政権と辰韓＝新羅は、常に争っていた。なぜ両者は仲が悪かったのだろう。

古墳時代のヤマト政権にとって、もっとも大切なのは加耶諸国だった。百済を経由して、帯方郡や中国に向かうための起点であり、さらに、鉄の産地だったためだ。また、加耶も高句麗の圧力を受け、倭を頼った。ヤマト政権にとって加耶は生命線であり、だからこそ、加耶に圧力をかけてくる高句麗や新羅は、宿敵になっていたのだ。

それだけではない。ヤマト建国後に勃発したヤマト政権内部の主導権争いによって、瀬戸内海勢力がひとり勝ちし、日本海勢力は一気に没落してしまった。日本海勢力と同じ夢を見ていた朝鮮半島東南部は、瀬戸内海勢力を中心としてまとまったヤマト政権にとって、邪魔な存在になってしまったのだろう。

ただし、倭と新羅の対立は、ヤマト建国よりも古い時代から続いていたと『日本書紀』や朝鮮半島の歴史書に残されている。

たとえば『三国史記』は、新羅と倭が度々衝突していたことをいくつも（無数に）記録している。

紀元前五十年から、いさかいが始まっていたと言い、倭人が兵を連ねて辺境を侵そうとしたようだ。だが、（新羅の）始祖の神徳《しんとく》を知って、みな帰っていったという。

また、一世紀の前半、倭人は百余隻の船を連ねて海辺の民家を略奪した。新羅は強力な軍隊を出動させ、これを防いだ……。このあとも、くり返し倭人が新羅を襲ってきたと記録されている。変わったところでは、一九三年に、倭人が飢餓に苦しみ、食料を求めて千余人やってきたと言う話もある。ただ、これらは例外中の例外で、そのあとも、仲の悪い記事が続く。

二三二年には、倭人がにわかに襲撃してきて、新羅の王城を囲んだ。しかし王自ら城を出て戦い、賊は潰走した。騎兵で追撃して千余人を殺した。

その後も、三六四年に「倭兵、大いに至る」「倭人、大いに敗走す」と、くり返し新羅と倭の戦いが記録されている。すべてを引用するわけにはいかないほどの量の記事が載る。

これらのすべてが史実かどうかははっきりとしないが、弥生時代後期から長い間、新羅と倭が敵対関係にあったことは間違いない。それは、加耶の権益を守るためだったと考えられる。

ただ、六世紀初頭から七世紀半ばまで、「新羅本紀《しらぎほんぎ》」に倭国とのいさかいは記されていない。ここは、大切なことだ。歴史上稀にみる蜜月状態にあった。その理由については、のちに詳しく触れる。

また、四〇二年に、「倭国とよしみを通じ、人質を差し出した」という記事が載る。直前まで倭国と交戦していたのだから、唐突観は否めない。その理由は、すでに触れた高句麗の南下政策である。

雄略天皇の出現と新たな展開

四世紀末から五世紀にかけて、高句麗が南下政策をとり、三韓が生き残りを懸けて武装し、倭国が参戦したことによって、倭国王は東アジアに名を知られるようになっていく。そして倭王は、中国の宋《そう》（南朝）に爵位を求めた。『宋書』倭国伝に登場するいわゆる「倭の五王」たちで、仁《にん》徳《とく》（あるいは履中《りちゅう》か応神《おうじん》）、反正《はんぜい》（あるいは仁徳《にんとく》）、允恭《いんぎょう》、安康《あんこう》、雄略《ゆうりゃく》たちだ。

西暦四二一から四七八年までの間に九回使者が向かい、冊封体制に参加し、爵位を獲得していく。

ちなみに、この時代の中国は華北の北魏と華南の宋に分かれていたが、高句麗は北魏（北朝）

とつながっていた。異民族の北魏に追われた漢民族が華南に亡命して生まれた政権が宋だった。つまり、高句麗は北魏に、倭の五王は南の宋に近づいていったのだ。

爵位も次第に高いものになっていった。五世紀後半に登場した倭の五王最後の武（雄略天皇）は、使持節《しじせつと》都督倭百済新羅任那加羅秦韓慕韓七国諸軍事安東大将軍開府儀同三司《とくわくだらしらぎみまなからしんかんぼかんしちこくしょぐんじあんとうだいしょうぐんかいふぎどうさんし》倭国王を自称したが、宋から下された爵位は、使持節都督倭新羅任那加羅秦韓慕韓六国《りつこく》諸軍事安東大将軍倭王だった。じつに長い、厳めしい官爵だが、名誉職的な要素が強かった。また、武が自称した名のうち「開府儀同三司」は、高句麗王に授けられ、武には与えられなかった。また百済王も、宋に爵位を求めている。

雄略天皇の出現は、中央集権国家への第一歩とされている。ヤマト建国時から、王家は祭司王であり、「ゆるやかな連合体の調整役」だった。実権を握っていたのは、王家を支え推戴《すいたい》する豪族たちである。ところが、朝鮮半島に遠征軍を派遣することで、「統一されたスピード感のある命令系統」が求められ、さらに東アジアで名を売ったから、王家の存在感は増していた。そんなとき、雄略天皇はクーデターを起こして玉座を手に入れ、実権を握っていた有力豪族・円大臣《つぶらのおおおみ》（葛城氏《かつらぎ》）を攻め滅ぼしていた。ヤマトの王家に実権は与えられなかったが、ようやく五世紀後半に、雄略天皇が中央集権的な発想を抱きはじめたようなのだ。日本古代史の画期のひとつであり、東アジアにおける地政学的な優位性を感じ、小中華思想を抱いていたのかもしれない。

ただし、倭王武からあと、ヤマトの王家は中国王朝の冊封体制に組み込まれることはなくなった。その原因は、倭の五王がそうだったように、朝鮮半島南部に対して大きな顔をできても、宋側から下される評価は期待したほど高くはなかったし、百済よりも高い爵位はもらえなかった。だから、六世紀、七世紀に至り、中国で統一王朝が出現した段階でも、使者は送るが冊封体制には組みこまれなかったと考えられている。

これが、加耶と日本をめぐる朝鮮半島の歴史であり、このあと、五世紀末から六世紀にかけて、加耶には苛酷な運命が待ち構えていたのだ。その様子は、徐々に伝えていこう。なぜ、加耶は滅びたのだろうか。

第二章　加耶と倭の接点

なぜ加耶と日本は仲がよかったのか

なぜ欽明《きんめい》天皇は、死の間際、「仲違いしていた夫婦の縁をもどすようにして、かつてのような間柄になれれば、死んでも思い残すことはない」と、嘆いてみせたのだろう。なぜ加耶とヤマト政権は、そこまで仲がよかったのか。隣国は、普通仲が悪いのにもかかわらず（たとえば、フランスとドイツのように）、なぜ加耶とヤマト政権は、強く結ばれていたのだろう。

日本列島と朝鮮半島は、玄界灘と日本海で、隔たっている。海が障害となり交流は難しかったのだろうか。あるいは、この「ほどよい距離」があったから、仲がよかったのか……。

加耶と日本をつなぐキーワードは、海である。東アジアを代表する海人《あま》たちが、灘《なだ》＝航海のむずかしい海域を、自在に往き来していたからだ。

「魏志倭人伝《ぎしわじんでん》」には、狗邪《くや》韓国から船は、対馬《つしま》に向かうと記されている。

その対馬は峻険な山ばかりで森林に覆われ、「絶島」で良田がないため、海産物を食しているが、船に乗って南北に市糴《してき》していると記録されている。南北とある南は壱岐や北部九州であり、北は狗邪韓国など加耶諸国だったと推察可能だ。つまり、遅くとも弥生時代後期には、加耶と北部九州の間に対馬の海人たちが往き来していたことは間違いない。それどころか、すでに縄文時代には、北部九州と加耶の地域はつながっていたようだ。

釜山《プサン》は狗邪韓国のあった場所で、李氏《りし》朝鮮（一四〜一九世紀）の時代に倭館が置かれていたことでも有名だ。日朝間の交渉と貿易の拠点として、古代から重要な場所だったことがわかる。しかも、釜山市（影島《ヨンド》）の東三洞《トンサムドン》貝塚から、縄文後期の鐘崎《かねさき》式土器や北久根山《きたくねやま》式土器が出土している。どちらも九州からもたらされたと考えられている。また、西北九州で採取された黒曜石の石器が出土する。壱岐にも同じ黒曜石の石器がみつかっている。

鐘崎式土器は、福岡県宗像《むなかた》市玄海町の鐘崎貝塚の土器が標識となったが、鐘崎には古くから海人が暮らしていて、近辺で漁をするだけではなく、壱岐や対馬に進出していたことがわかっている。一年の大半を旅先で過ごしていたという。彼らの御先祖の縄文人たちが、朝鮮半島最南端の海岸地帯との間を、自在に往き来していたのだろう。

ちなみに、東三洞貝塚から、朝鮮半島の新石器時代を代表する櫛目文土器が出土しているが、この土器は北部九州の沿岸部でも多くみつかっている。日朝間の交流の拠点が釜山市に存在したこと、すでに縄文時代から、交流があったことがわかる。

ところで、「魏志倭人伝」に登場する狗邪韓国は、のちに金官《きんかん》加耶となり、五世紀半ばに至るまで、加耶の中心勢力であり続けた。初めは古墳に中国産の鏡や中国北方系銅鍑《どうふく》を副葬していて、中国から先進の文物を取り寄せ、交易に活用していたことがみてとれる。また、日本列島の北部

金官加耶を中心とした加耶諸国

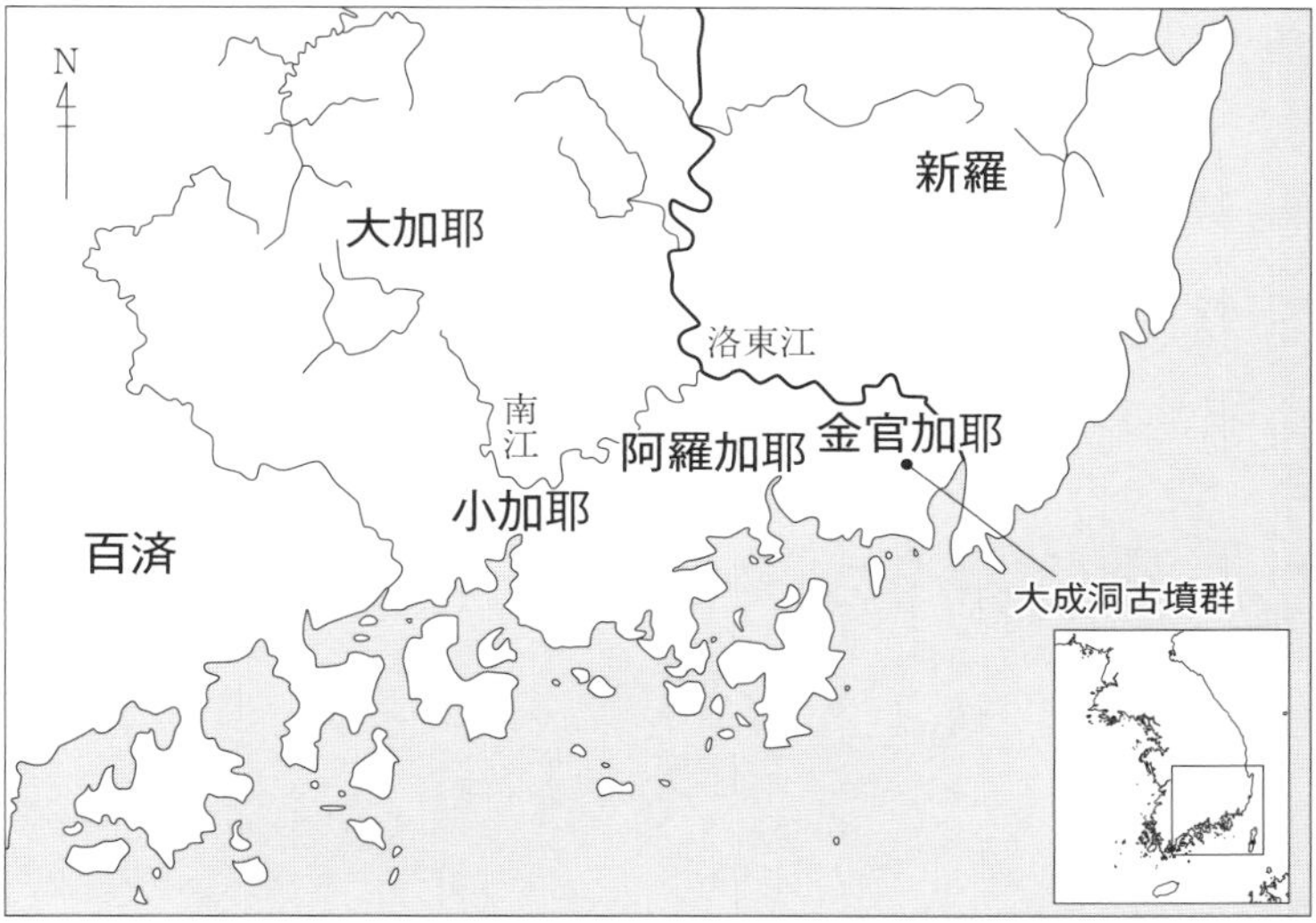

山本孝文『古代韓半島と倭国』（中央公論新社）を参考に作成

九州と強く結ばれていたが、四世紀になると、楽浪《らくろう》郡と帯方《たいほう》郡が衰退し（中国が混乱状態に入ったわけだ）、今度は交易の主体が日本になっていった。しかも、古墳時代前期後半に、ヤマトの中枢に文物が集まり、これが各地に拡散していったのである。

金官加耶はヤマト政権と強固な関係を築くことによって、高句麗《こうくり》や新羅《しらぎ》の脅威に備え、また西隣の阿羅《あら》加耶に対抗していった。この時代の加耶の中心は金官加耶だが、阿羅加耶は交通の要衝で（洛東《ナクトン》江《ガン》と南江《ナムガン》が合流する盆地で、加耶全体とつながることができた）、侮れない力を秘めていた。四世紀初めに発展し、この時代の阿羅加耶の壺が、長崎県、福岡県、島根県、鳥取県、愛媛県で出土している。西日本とつながっていたのが阿羅加耶だった。地政学的にみて、阿羅加耶が通交しやすかったのは百済で、ヤマト政権との橋渡し役になっていた可能性も高い。しかし、金官加耶と阿羅加耶は、五世紀初めの高句麗との戦いでダメージを受けたようだ。

逆にヤマト政権は、朝鮮半島に軍事力を提供することによって、多くの文物を手に入れることができたわけだ。

このように、古代日本にとっての加耶は、広い世界への入口であり、広い世界から文物がもたらされる玄関でもあった。幸い、双方の文化には多くの共通点があり、双方の海人が活躍し、利害も一致していたから、交流も盛んで、運命共同体のような位置関係にあった。

神話に残された朝鮮半島とのつながり

神話の世界でも、日本列島と朝鮮半島最南端には、いくつも接点が隠されている。たとえば、『出雲国風土記《いずものくにのふどき》』意宇《おう》郡の条には、いわゆる国引き神話が記録されていて、そこに朝鮮半島最南端とのかかわりが残されている。

出雲は細い布のように狭い国で、初めに小さく造った。だから、縫い合わせなければならないと言い、志羅紀《しらぎ》（新羅）の三埼《みさき》（岬）を「国の余り」とみなし、三本の丈夫な綱をかけて引っ張ってきた。これが八穂爾支豆支《やほにきづき》の御埼（島根県大社《たいしや》町の日御碕《ひのみさき》）になったという。つまり、「新羅の土地を引っ張ってきて出雲の国土を拡張した」という。

また、このあと、高志《こし》（越）の都都《つつ》の三埼《みさき》（不明。能登半島の珠洲《すず》岬か）が余っているからと、引っ張ってきて三穂の埼になったとある。

弥生時代後期の出雲は、四隅突出型墳丘墓《よすみとつしゆつがたふんきゆうぼ》という特殊な埋葬文化を発展させ、これを越（北陸）に広めているから、『風土記』の神話と考古学が、うまく合致している。とすれば、出雲と朝鮮半島南部にも、何かしらのつながりがあったと考えられる。

ミトコンドリアDNAの研究から日本人の起源を探った篠田謙一《しのだけんいち》は、稲作が最初に伝わった北部九州沿岸部（玄界灘に面する佐賀県唐津市呼子《よぶこ》町の大友《おおとも》遺跡）の支石《しせき》墓から出土した人骨に注目した。

支石墓は当時の朝鮮半島南部で盛行した埋葬文化だが、埋葬された人骨の形質は、縄文的だったのだ。じつは、弥生《やよい》時代の北部九州沿岸地域、平戸《ひらと》、五島《ごとう》列島の遺跡から、縄文的形質の人骨が多くみつかるのだ。これを総称して「西北九州型弥生人」と呼んでいる。

なぜ、朝鮮半島に起源をもつ支石墓に、縄文的な人骨が埋葬されていたのか。朝鮮半島の人にも縄文人と同じDNA配列をもつ人が多いことがわかってきたという。

その上で篠田謙一は、「朝鮮半島にも古い時代から縄文人と同じDNAを持つ人が住んでいたと考える方が自然です」と述べ、「少なくとも北部九州地方と朝鮮半島の南部は、同じ地域集団だったと考えたくなります」と述べている（『日本人になった祖先たち』NHKブックス）。無視できない指摘である。

ちなみに、『日本書紀』内の神話には、アマテラスの弟のスサノヲ（素戔嗚尊《すさのおのみこと》、須佐之男《すさのお》）が、新羅に舞い下り、「ここには住みたくない」と述べ、出雲の簸川《ひのかわ》の河上にある鳥上の峯にやってきたと記してある。

神話世界がヤマト建国直前の日本列島の様子を活写しているとすれば、弥生時代後期の山陰地方と朝鮮半島南部が何かしらの関係をもっていた可能性を示している。

そして、ここにある「志羅紀（新羅）」は、朝鮮半島東南部の新羅そのものではなく、加耶を含めた朝鮮半島最南端地域と捉えた方がよいと思う。その理由は、弥生時代の朝鮮半島に「新羅」と言う国は存在しなかったし、のちに新羅と加耶となる地域の人びとは、雑居していたと文書に記録されていること、加耶諸国は六世紀に百済と新羅に呑み込まれてしまい、『日本書紀』や『風土記』が編纂《へんさん》された時代、古くは加耶だった地域も、新羅や百済と呼ばれるようになってしまっていたのだ。

来日していた加耶王子

そして、加耶や新羅との間で、文物だけではなく、「英傑」や「貴種《きしゅ》」の往き来もあったようだ。その様子は、『日本書紀』や『古事記』に記録されている。古代日本と加耶のつながりを知る上で、欠かせない人びとだ。神話の中では、スサノヲが天上界から朝鮮半島に舞い下り、そのあと日本にやってきている（ただし『日本書紀』神話の本文や他の異伝には、最初から日本に舞い下りたと記されているのだが）。そして、朝鮮半島南部から、日本にやってきた神がかった人びとも存在する。しかも、ヤマト建国の黎明期に来日しているから、無視できない。加耶と日本の交流を知る上で、「文字にして記録されていた」事実は、貴重なことなのだ。

その中のひとりが、意富加羅国《おおから》（金官加耶国）の王の子・ツヌガアラシトだ（都怒我阿羅斯等《つぬがあらしと》。「都怒我」は新羅の最高の官位「角干《かくかん》」のことか？　アラシトは「始祖の聖童？」）。『日本書紀』に、以下の記事が載る。

垂仁《すいにん》二年、任那人の蘇那曷叱智《そなかちし》が、「国に帰ります」と、申し出た。崇神《すじん》六十五年七月に、任那国がこの人物を遣わして、朝貢してきたのだ。ちなみにその記事には、「任那は筑紫《つくしの》国を去ること二千余里、北方の海を隔ててあり、新羅の西南にあたる」と言っている。垂仁天皇は蘇那曷叱智に赤絹《あかきぬ》一百匹《ひともまき》をもたせて任那王に下賜《かし》した。ところが帰路を新羅の人が待ち構えていて、その赤絹を奪ってしまった。両国の憎しみは、これがきっかけだったとある。

ここで、別伝としてツヌガアラシトの話が続いていく。

崇神天皇の時代、額に角の生えた人が船に乗って越国《こし》の笥飯浦《けひのうら》（福井県敦賀市《つるが》）に停泊していた。そこで地名が「角鹿《つぬが》」になった。その人に「どこの国の人か」と尋ねると、意富加羅国の王の子で、名はツヌガアラシトと答えた。日本国《やまとのくに》に聖皇《ひじりのきみ》（崇神天皇）がいらっしゃると聞いて帰化したという。穴門《あなと》（下関周辺）にやってくると、その国に人がいて、国の王を自称し、ここにとどまれと命じてきたが、その様子を見て、王ではないと思い、そこを離れ、出雲を経由してここ

（福井県敦賀市）にやってきたとある。ところがこの時、天皇は崩御され、垂仁天皇に仕えて三年がたった。垂仁天皇は、「お前は故郷に帰りたいか」と仰せられた。ツヌガアラシトはそれを望んだので、次のように述べられた。

「お前が道に迷わずにすぐにやってきたら、先帝に拝謁《はいえつ》して仕えられただろうに。だから、お前の国に先帝の御間城《みまき》天皇（崇神天皇）の御名を授けよう」

また垂仁天皇が赤織絹《あかおりのきぬ》（赤絹）を授けた（倭国が外国に絹の織物を送ったという話は、『日本書紀』や『三国遺事』にも記録されている）。こうしてツヌガアラシトは帰国し、意富加羅国が弥摩那《みまな》国を名乗るようになったのはこのためだったという。

ツヌガアラシトは賜った赤絹を自国の蔵に預けた。ところが新羅がこの話を聞きつけ、兵を挙げて押し寄せ、赤絹をすべて奪った。ふたつの国が憎み合うようになったのは、これがきっかけだったという。

これで、物語が終わる。

ツヌガアラシトにそっくりな新羅王子アメノヒボコ

任那国の王子・ツヌガアラシトがヤマト建国の黎明期にヤマトにやってきたこと、そのあと本国に帰り、大切な赤絹を奪われ、新羅と任那の不仲の原因になったこと、ヤマト建国と朝鮮半島最南端の任那、あるいは意富加羅国（加耶）が密接にかかわっていたであろうことはこれでわかった。

ただし、ツヌガアラシトの説話は、これで終わったわけではない。別伝が用意されている。もう少し、筋を追ってみよう。


ツヌガアラシトが加耶にいたころ、黄牛《あめうじ》（聖牛）が逃げたのでこれを追っていくと、ひょんなことから、牛の代わりに白い石を手に入れた。その石を寝室に置いたら、美しい童女に化けた。ツヌガアラシトは喜び、女と契りを結ぼうとしたが、女は隙をみて逃げてしまった。ツヌガアラシトは女を追い求め、日本にたどり着いたという。逃げた童女は難波にいたり、比売語曾《ひめこそ》神社の祭神となり、あるいは豊国《とよのくに》（大分県）の国前郡《くにさき》にたどり着き、そこでも比売語曾神社の祭神になった……。


これが『日本書紀』のツヌガアラシト来日説話だ。

問題は、ツヌガアラシトとそっくりな人物が、存在することだ。それが、『日本書紀』と『古事記』の両方に登場する新羅王子・アメノヒボコ（天日槍《あめのひぼこ》・天之日矛《あめのひぼこ》）である。

まずは、『日本書紀』第十一代垂仁天皇の条の説話だ。アメノヒボコは第十代崇神天皇の徳を慕って来日したとある。実在の初代王が崇神天皇と考えられているから、アメノヒボコはヤマト建国前後に来日していた可能性が高い。ちなみに、崇神天皇と子や孫は、桜井市の巻向《まきむく》（纏向《まきむく》）周辺に宮を建てていて、「黎明期の王が三輪《みわ》山山麓に拠点を構えた」と言う『日本書紀』の証言は、考古学の指摘と合致している（桜井市の纏向遺跡）。
問題は、『古事記』の応神《おうじん》天皇の条に残されたアメノヒボコ来日説話なのだ。これが、ツヌガアラシトに、そっくりそのままなのだ。

昔、新羅の王子がいて、名をアメノヒボコ（天日矛）といった。彼が来日したいきさつは、次のようなものであった。

新羅にひとつの沼があって、名はアグヌマといった。沼のほとりに賤しい女が昼寝をしていた。その女のホトを太陽の光線が突き刺すと、女は赤い玉を産み落とした。それを見ていた賤しい男は、玉を貰い受け、腰にぶら下げ持ち歩いた。ところが、新羅王子・アメノヒボコに、言いがかりをつけられ、この玉を取られてしまう。

アメノヒボコはその玉を持ち帰って床に置いた。すると玉は美しい乙女に化けたので、アメノヒボコは正妻に迎え入れた。乙女は御馳走を作ってアメノヒボコを喜ばせたが、アメノヒボコは次第に増長したので、乙女は、「私はあなたの妻になるべき女ではありません。親の国に帰ります」と言い、日本に逃げてしまったという。そして行き着いたのが難波で、比売語曾神社に祀られるようになったという。

アメノヒボコは妻を追って来日し、難波にやってきたが、難波の津の神が邪魔だてしたので、仕方なく多遅摩国《たじまのくに》（但馬《たじま》、兵庫県北部）に住むようになった……。

これが『古事記』のアメノヒボコ来日説話であり、『日本書紀』のツヌガアラシト来日説話とそっくりなのだ。したがって、一般的に、アメノヒボコとツヌガアラシトは同一人物と考えられている。

なぜ『日本書紀』は憎い新羅王子にキラキラネームをつけたのか

すでに述べたように、ヤマト建国の時代、朝鮮半島には新羅や百済といった国はまだなかった。のちの時代の知識を総動員して、アメノヒボコ（ツヌガアラシト）の説話が用意されたわけで、『日本書紀』の描いた「新羅のアメノヒボコ」に『古事記』はあえて「加耶のツヌガアラシト」を重ねて見せたのだろう。

すでに触れたように、新羅や加耶が誕生する以前の朝鮮半島南端には、弁辰《べんしん》と辰韓《しんかん》があって、『三国志《さんごくし》』韓伝には、両者の民は交ざりあって暮らしていた（雑居）とある。また、加耶は新羅に領土を併呑されて滅亡したが、本来は加耶の話をのちの時代の知識によって新羅と記録されることがままあり、新羅王子・アメノヒボコと加羅国の王子のツヌガアラシトが重なってしまうのは、アメノヒボコが本来加耶出身だった可能性が高いことを示している。

『古事記』が『日本書紀』よりも先に書かれたと『古事記』序文は証言しているが、本当は古い歴史書にあとから記事を加えたと思われる。『古事記』は『日本書紀』の歴史改竄《かいざん》を暴露するために、ところどころに『日本書紀』との矛盾点を提示し、「本当はこうだった」と証言している本なのだ。

何が言いたいかというと、加耶王子・ツヌガアラシト＝新羅王子アメノヒボコが、ヤマト建国に何かしらの活躍をしていて、それを八世紀の『日本書紀』編者（あるいは『日本書紀』編纂の中心勢力、時の権力者）が、もみ消そうとしたと考えられるのである。ヤマト建国の歴史に朝鮮半島南部の勢力がからんでいたことを、『日本書紀』編者は、面白く思っていなかった可能性が高い。あるいはここに、歴史解明の大きなヒントが隠されていったために、『日本書紀』は真実の物語を歪めてしまったのではあるまいか。

ここで気になってくるのは、「天日槍」「天之日矛」の名なのだ。『日本書紀』は親百済系の歴史書なのだが、その百済は新羅とことあるたびに敵対していた。白村江の戦いで百済は新羅と唐の連合軍に滅ぼされたから、『日本書紀』は新羅に対して辛辣なのだ。ところが『日本書紀』はなぜかアメノヒボコ（ツヌガアラシト）に対して、「天」「日」「槍」の三文字を与えた。これは、本来の名ではなく、神格化した名であり、天に輝く太陽神のイメージだ。これはいったいどうしたことだろう。なぜ加耶の王子であるアメノヒボコを新羅王と設定し直し、その上で、輝かしい名を与えたのだろう。

ミマキは任那か

アメノヒボコやツヌガアラシトと加耶のつながりは気になるが、アメノヒボコが慕っていたという崇神天皇もまた、朝鮮半島南部の任那（加耶）からやってきたのではないかと疑われている。ここを素通りするわけにはいかない。

崇神天皇の名は「御間城入彦《みまきいりひこ》」で、「ミマ」は任那のことではないか、と言うのである。これは江上波夫《えがみなみお》が騎馬民族日本征服説を唱える中で、推理したもので、「ミマの宮城（任那）」から騎馬民族が日本列島に押し寄せたから、と言うのだ。

ただし、騎馬民族日本征服説そのものが、今日ほぼ否定されているし、「ミマキ」に関しては、他の仮説が多く提出されている。

『古事記』はミマキを「御真木《みまき》」と書く。この御真木の「真木」が大きな意味をもっていると、上田正昭《うえだまさあき》は推理している（『大和朝廷』講談社学術文庫）。

「真木」は神功皇后の説話の中に登場する。仲哀天皇が亡くなった時、神（天照大神《あまてらすおおみかみ》と住吉大神《すみよしのおおかみ》）のお告げを受けた。多くの神々に幣帛を捧げ、「われら三神（と言っているから三柱で祀られる住吉大神）の御魂を船の上に鎮座させて、真木を焼いた灰を瓠《ひさご》（ヒョウタン）に入れて、箸《はし》と葉盤《ひらで》（柏《かしわ》の葉で作った器）をたくさん作り、それらを海にまいて進めばよい」とある。

さらに、雄略天皇の段にも、小さなできごとを咎められ、殺されかけた采女《うねめ》が雄略《ゆうりやく》天皇に訴える歌のなかで、纏向の日代宮《ひしろのみや》をたたえる歌を作り、その中で、「真木栄《さ》く　檜の御門《みかど》」とある。崇神天皇の「御真木」は、この「真木」ではないかと言う。「真木栄く」は、ヒノキにかかる枕詞だ。

黛弘道《まゆずみひろみち》は、ミマキを「ミ」と「マキ」に分け、「ミ（御）」は美称で「マキ（真木）」は樹木の美称であり、三輪山とかかわりの深い崇神天皇に「御真木」の名がついたのは、大神《おおみわ》神社の神木＝巨杉のことだと推理した（『律令国家成立史の研究』吉川弘文館）。どこにでもある樹木ではなく、呪木や聖樹を指しているという。

前之園亮一《まえのそのりよういち》は、「ミマキ」の「キ」を『古事記』は「木」と書くが『日本書紀』は「城」と書き、また、名に「キ」のつく崇神天皇や子の垂仁天皇の事跡に「樹木」に関する記述がなく、だから、「キ」の語義が「木」ではないことを示しているといい、「キ」は墓と考えた。崇神天皇と垂仁天皇の記事には、死や墓にまつわる話がたくさん出てくるからだ。

また「ミマ」は、「スメミマ（天孫《あめみま》・皇孫《すめみま》）」のことで、神や貴人の子孫を表しているという。その上で、「崇神天皇のミマキイリヒコという和風諡号《しごう》は、ミマによって崇神天皇がいかに貴種であるかということを強調し、墓を表わすキでもって崇神天皇が死と墓づくりの始まった中ツ代に位置する存在であることを示し、亜神霊性の内包された接頭語イリをヒコの上に付加することによって、崇神天皇が中ツ代の半神半人であることを表示した名前」（『古代王朝交替説批判』吉川弘文館）とする。

このように、「ミマキ」に関しては、諸説あって、定説となるものがない。ただ、かつて一世を風靡した江上波夫の「天皇は任那からやってきた」という学説を、そのまま受け入れることはできないことを、わかってもらいたかっただけだ。それでも、古代の日本列島と加耶のつながりが薄れたわけではない。両者をつなぐ材料は、いくらでも出てくる。

先述したアメノヒボコやツヌガアラシトも加耶から渡来した征服王とする説もあるが、実際はどうだったのか。

出雲神・賀夜奈流美命は加耶とつながっていたのか

ここまで加耶とは何かを探る前に、古代日本が加耶と強くつながっていたことを、確認しているところだ。そこでもうひとつ、興味深い女性を紹介しておきたい。それが、出雲《いずも》神・賀夜奈流《かやなる》美命《みのみこと》なのである。

出雲国造家《こくそうけ》は新任されたあと、都に赴いて『出雲国造神賀詞《くにのみやつこのかむよごと》』を奏上するのだが、その文言の中に、賀夜奈流美命の名が出現する。遠回りになるが、このあたりの事情を説明しておきたい。

ちなみに、「国造」という制度は古墳時代から続き、律令《りつりょう》整備とともに「国司《くにのみこともち》」に入れ替わり消滅するが、いくつかの地域に、なぜか国造は生き残っていく。その中のひとつが、出雲国造家だ。その古態の政治システムの名残をまとった亡霊のような存在なのだ。

出雲国造が新任されると朝廷に参向《さんこう》し、新任の儀式が行われ、天皇から負幸物《おいさちのもの》が下賜される。すると出雲国造は出雲に一度戻り一年の潔斎《けつさい》ののち再び朝廷に出向き、献物を捧げ、その上で天皇に恭順《きょうじゅん》の意を示す神賀詞《かむよごと》が奏上される。これが『出雲国造神賀詞』で、初出記事は『続日本紀《しょくにほんぎ》』霊亀《れいき》二年（七一六）二月十日条で、出雲国造・出雲臣果安《いずものおみはたやす》が、「神賀《かむほき》の事《こと》を奏《そう》す」とある。

ところで、出雲国造家と言えば、出雲大社の神官のイメージが強いが、もともとは出雲国の東側、意宇《おう》の熊野大社（松江市）を祀っていた。祭神はスサノヲだ。その後八世紀に朝廷の命令を受けて、西の杵築大社《きづきのおおやしろ》（出雲大社）に移った。ほぼ同じころ、『出雲国造神賀詞』の奏上がはじまっていることになる。

またそれは、平城京《へいじょうきょう》遷都の六年後、『日本書紀』の成立の四年前で、藤原不比等《ふじわらのふひと》が実権をほぼ手中に収めた時代と重なる。つまり、『出雲国造神賀詞』は『日本書紀』の出雲の国譲り神話が「創作」される過程で、新たにはじまった儀礼であり、ここにきわめて政治的な「意図（中央政府側の）」が隠されていることは、まず承知しておかなければならない。その中に、賀夜奈流美《かやなるみ》命が登場する。

『出雲国造神賀詞』の内容は、おおよそ次のようなものだ。

まず、縁起の良い詞を並べ、天皇の前にへりくだったあと、出雲の国譲りの経緯を述べている。

高天原《たかまがはら》の神王《かむみおや》・高御魂《たかみすび》の命（高皇産霊尊《たかみむすひのみこと》）が出雲臣（出雲国造家）の遠祖・天のほひの命（天《あまの》穂《ほ》日命《ひのみこと》）を視察に遣わした時、天のほひの命は、子供の天の夷鳥《ひなとり》（天夷鳥命《あめのひなとりのみこと》）にふつぬしの命（経津主神《ふつぬしのかみ》）をそえて、荒ぶる神どもを成敗し、「国作らしし大神（大己貴神《おおあなむちのかみ》・大国主神《おおくにぬしのかみ》）をも媚び鎮めて」、大八嶋国を譲らせた、という。

問題は、ここからだ。大己貴神は、自分の和魂《にぎみたま》を八咫《やた》の鏡に取りつけ、倭の大物主くしみかたまの命（大物主神）と名を称え、大御和《おおみわ》（三輪《みわ》山）の神奈備《かんなび》に、さらに御子の阿遅須伎《あじすき》高孫根《たかひこね》命《みこと》の御魂を葛城《かつらぎ》の社に、事代主命《ことしろぬしのみこと》の御魂を宇奈提《うなて》に、賀夜奈流美命の御魂を飛鳥《あすか》の社にそれぞれ鎮座させ、天皇家の守り神になると、宣言する。つまり、出雲の国譲りの時代にさかのぼり、出雲が天皇家に恭順することを誓うというのであり、いわば出雲にとって、屈辱的な内容なのである。

さらに興味深いのは、『続日本紀』霊亀二年の出雲国造による『出雲国造神賀詞』奏上記事の中に、当時の天皇元正《げんしょう》天皇は登場しない。代理人の中臣朝臣人足《なかとみのあそんひとたり》に向かって、出雲国造はかしこまったという。わざわざ出雲から都に出向いたにもかかわらず、天皇に恭順の意を直接奏上することも許されなかった。

賀夜奈流美命は宗像神の娘？

『出雲国造神賀詞』に出雲を代表する四柱の神が登場し、都（ヤマト）の周辺の神奈備に鎮座し、王家を守るといっている。その中で、飛鳥の神奈備に鎮まったのが賀夜奈流美命で、現在では、明日香《あすか》村の飛鳥坐《にます》神社と栢森《かやのもり》の加夜奈留美命神社が祀られている。祭神はどちらも女神で、加夜奈留美命（賀夜奈流美命）の名で祀られている。

賀夜奈流美命の「カヤ」が、どうにも気になる。もちろん、「加耶」と音が通じていること、しかも、出雲の神であり、王家の守神でもあるからだ。しかし、一般には、ほとんど無名の神だ。『日本書紀』や『古事記』にも登場しない。じつに秘密めいた神ではないか。

『奈良県高市《たかいち》郡神社誌』は、賀夜奈流美命について、くわしく述べている。賀夜奈流美命は、出雲を代表する四柱の神に選ばれたのであり、『日本書紀』や『古事記』や『先代旧事本紀《せんだいくじほんぎ》』に別名で記載されているはずだ、という発想で正体を炙り出そうとしている。

「賀夜」は「高屋《たかや》」のことで、奈留は「〜にいます」で、「美」は「比売《ひめ》（姫）」をさす。大国主神の娘で、母は神屋楯比売命《かむやたてひめのみこと》で事代主神の妹にあたる。またの名は「高姫」で「稚国玉姫《わかくに》」「下《した》照《てる》姫」「高照光姫命《たかてるひめのみこと》」とも称す、と言うのである。これは、江戸時代の国学者たちが『古事記』や『日本書紀』をベースに用意した賀夜奈流美命に関する、さまざまな仮説をまとめたものだ。

もう少し詳しくみておこう。『日本書紀』には、「顕国玉《うつしくにたま》（大己貴神）の娘の下照姫（またの名は高姫、またの名は稚国玉」とある。ただし、母の名は掲げていない。

『古事記』は、「高比売命、またの名は下光比売命」とあり、母は「胸形《むなかた》の沖津《おきつ》宮（奥津《おきつ》宮）鎮座する多紀理毗売命《たきりびめのみこと》（宗像神）」だという。また、事代主神の母は神屋楯比売命《かむやたてひめのみこと》で、高比売命（下光比売命）とは腹違いの兄と妹と記録している。

物部系の歴史書で平安時代に編まれた『先代旧事本紀』は、事代主神の妹に高照光姫大神《たかてるひめのおおかみ》の名を挙げ、宗像の辺津《へつ》宮に鎮座する高津姫の子だと言っている。

平田篤胤《ひらたあつたね》は、『日本書紀』が「三柱」と記した宗像三神は実際には同一で、宗像神から生まれて異母兄弟にされた神々は、重なると考えた。

三柱の神を同一とする根拠は、以下の通り。『日本書紀』や『古事記』に登場する「海の神」にかぎって、みな三柱で登場する。住吉大神は「表筒 男命《うわつつのおのみこと》・中筒 男命《なかつつのおのみこと》・底筒 男命《そこつつのおのみこと》」、綿津見神《わたつみのかみ》は「底津 少童《わたつみの》命、中津 少童《わたつみの》命、表少童《うわわたつみの》命」であり、本来は一柱だったはずだ。

また、天孫降臨《てんそんこうりん》神話で皇祖神を地上界に導いたサルタヒコは伊勢の地に去るが、海辺で「ひらぶ貝」に手をはさまれ、海に沈んでいる。その時の様子を『古事記』は「底度久御魂《そこどくみたま》・都夫多都《つぶたつ》御魂《みたま》・阿和佐久御魂《あわさくみたま》」と表現している。底にいたとき、海水が泡だったとき、泡がはじけたときの三段階の様子を表現しているのだ。つまり、海に沈む神を三つに分けていることになる。

とすれば、宗像三神も日本を代表する海神だから、本来は一柱だったという発想は、頷ける。ちなみに、十世紀初頭に完成された正史『日本三代実録《にほんさんだいじつろく》』も、宗像三女神は異名同体と認めている。

その上で平田篤胤は、大国主神（大己貴神）の正妃である須勢理毘売命《すせりびめ》に子がなく、正妃に子がないという神話の記事は怪しいから、宗像神こそ須勢理毘売と考え、大己貴神と宗像三神の間に生まれた子は、重なるという。ようするに、江戸時代の国学者たちは、『日本書紀』『古事記』『先代旧事本紀』の記事を重ねて、出雲を代表する四柱の神の中の飛鳥に祀られた賀夜奈流美命は、宗像神の娘の下照姫と推理したのだ。

賀夜奈流美命は太陽神？

次に『奈良県高市郡神社誌』は、『出雲国風土記』に注目し、ここに登場する大己貴神の娘の阿陀加夜努志多伎吉比売命《あだかやぬしたききひめのみこと》が賀夜奈流美命の正体だと言っている。「阿太加夜努志」の「阿」は「於」に通じる。「大高《おおだか》屋主」になり、これが高比売（下照姫）を指し、下照姫の母・神屋楯比売命《かむやたてひめのみこと》の別名「宇須多伎比売命《うすたきひめのみこと》」の「多伎」をとって「多伎吉」となったというのだ。すなわち、高比売＋宇須多伎比売＝阿陀加夜努志多伎吉比売命＝賀夜奈流美命と、結論づけたのである。

江戸時代の国学者の発想と分析の精密さには感心するが、『日本書紀』や『古事記』に無視された賀夜奈流美命でありながら、出雲国造が出雲を代表する四柱の神の中に選んでいるところに、大きな秘密は隠されていると思う。

そして、江戸時代にすでに指摘されていたように、賀夜奈流美命が大己貴神（大国主神）の縁者だった可能性は高く、しかも「下照姫」や「高比売」など、太陽神的性格を持った女神だったことも、無視できない。

『日本書紀』や『古事記』は、加耶（新羅）からやってきた王子が、アメノヒボコ（天日槍、天之日矛）だったと言っている。こちらはどこからどうみても太陽神であり、しかもアメノヒボコが追ってきた童女は『日本書紀』は比売語曾といい、『古事記』は阿加流比売《あかるひめ》神と呼んでいる。後者はまさに「明るい姫」であり、太陽神的性格を感じずにはいられない。

すでに触れたように、アメノヒボコが手に入れた赤い玉は、とある女性の陰部に日の光が虹になってあたり、産んだものだ。その赤い玉が美しい娘に化けた。その娘が「父の国（祖国）」の日本に逃れたので、アメノヒボコは追ってきた。

アメノヒボコは太陽神であり、しかもペアになった女性も太陽の子だった。ここで、賀夜奈流美命と下照姫とのつながりが、無視できなくなってくるのである。

それよりもなによりも、われわれは、もっと大きな謎が隠されていることに、気づくべきだった。なぜ、出雲国造家が祀る『出雲国造神賀詞』の四柱の神の中に、『日本書紀』や『古事記』に登場しない神＝賀夜奈流美命が選ばれていたのか、そして、その名の中から、古代出雲と朝鮮半島南部のつながりを類推できるのではないか、である。

そしてもうひとつ注目しておきたいのは『播磨国風土記』の中で、出雲神とアメノヒボコが戦っていることだ。出雲神とアメノヒボコの不思議な関係性が見え隠れしているのである。

出雲は出雲であって出雲ではない？

ここでひとつ指摘しておきたいのは、『日本書紀』の描いた出雲神話は旧出雲国（島根県東部）を舞台にしているが、実際には旧出雲国だけで起きていた事件ではなく（神話は何かしらの史実を反映していると考えるので、このように述べている）、日本海全体の悲劇として捉える必要がある。すでに触れたように、ヤマト建国時の主導権争いの中で、瀬戸内海＋東海勢力と奴国＋日本海勢力は激突し、瀬戸内海勢力がひとり勝ちしている。この歴史を『日本書紀』は改竄し、神話の世界に放り込んでしまったのだが（なぜそのようなことになってしまったのかは、次第に明らかにしていく）、その過程で、日本海勢力の敗北を出雲の国譲りという「枠」におさえてしまったと考えられる。だから、「出雲の神」と言っても、「島根県東部の土着の神」なのか、それ以外の地域（たとえばタニハ）の神なのか、あるいは瀬戸内海政権が日本海勢力を裏切り、日本海全体の恨みを背負うことになり、その怒りと祟りの怖ろしさを漠然と日本海全体を代表する神として出雲神が神話に登場していたかどうかも、改めて確かめる必要がある。

たとえば、『日本書紀』は、出雲の大己貴神に多くの別名を与え、その中に「大国主神」と「大物主神」が登場する。これまで、この二柱の神は同一と考えられてきた。しかしこれは、大きな過ちで、大国主神と大物主神は、似て非なる神なのだ。

大国主神（大己貴神）が国造りを終えて浜辺を逍遥していると、光り輝く神が出現したので、正体を尋ねると、「お前の幸魂《さきみたま》だ」と言い、名は大物主神であること、ヤマトの三輪で祀ってくれと、命じた。今では大神《おおみわ》神社で祀られる神である。

大国主神は、「大いなる国の主の神」であるのに対して、大物主神は「大いなる物の主の神」となる。

問題は「物」で、アニミズムや多神教世界の人々は、精霊や神は「物」に宿ると信じ、「物」は、神と同意語になった。また、「神」は恵みをもたらすありがたい存在だが、元々は、人びとに災害をもたらす大自然の猛威そのものだった。多神教世界の住民にとって、神と鬼（祟り神）は、表裏一体だ。だから磐座《いわくら》や御神木《ごしんぼく》などの「物」に手を合わせ、お供え物をして祀り、「穏やかな神」への変化を望んだのだ。そこで、「モノ」と言えば、「鬼」「祟る恐ろしい神」を意味するようになった。

近代日本人が「迷信」と決め付けた神社の「石ころ＝磐座」は、多神教的発想の原点であり、「物」に神は宿っていたのだ。「モノノケ」の「物」は、鬼を意味している。

そして、大物主神は「狭意の出雲」ではなく、「ヤマトを恨む日本海勢力の神」と捉え直す必要がある。

何が言いたいかというと、大物主神の「物」は、「神や鬼」なのだから、この神は「大いなる神（鬼）の主の神」なのであって、大国主神とは格が桁外れに開いている。日本を代表する神だからこそ（何しろ、大いなる鬼の親分でもある）、ヤマト政権発足の地・纒向遺跡から仰ぎみる三輪山に舞い下りる神となったのだ。

つまり、賀夜奈流美命が出雲の神でありながらヤマト政権中枢を取り囲む四柱の神として出雲から勧請されたという話は、「出雲神だから」と言うよりも、日本海全体の神としての賀夜奈流美命、という見方をする必要があると思う。

謎めく昔脱解

ここでもうひとり、加耶や新羅とかかわりをもつ、謎の人物にご登場願おう。それが、新羅の第四代脱解王《だつかい》（昔脱解尼師今《せきにしきん》）である。ちなみに新羅の王家は朴・昔・金の三つある。

脱解王は十二世紀に編まれた『三国史記』の『新羅本紀』や十三世紀の『三国遺事』に登場する謎の王である。

脱解王は西暦五十七年に六十二歳という高齢で王位についているが、この人物、もともと海の外からやってきたという。

その昔、倭国の東北千里の多婆那国《たばな》（不明）の王が、女人国《にょにん》（不明）の王女を娶って妻にすると、子を孕み七年後に大きな卵を産み落とした。ところが王は、卵を「不吉」といって、捨てるように命じた。

そこで妻は、こっそり卵を絹で包んで、箱に入れて海に流したのである。

箱は朝鮮半島南端の金官国に流れ着いたが、人々は怪しみ手を出さなかった。そうこうしているうちに箱は辰韓（のちの新羅）の浜辺に打ち寄せられ、老母に拾われた。紀元前十九年のことである。

老婆が箱を開けると、赤児が入っていた。老母は子を育て、立派に育った。これが脱解（昔脱解）である。

脱解の評判を聞きつけた新羅の第二代南解王《なんかい》は、王女を脱解に嫁がせた。そしてこののちに脱解は王位についたのである。

では、脱解の出身地を特定することはできるのだろうか。多婆那国とはいったいどこなのだろう。

ふたつの説がある。ひとつは、「倭国」を北部九州とみなし、そこから東北の方角の「タンバ（丹波）」や「タジマ（但馬）」とする考えだ。ちなみに、タニハはタムバの転訛で、「タム」は日神《ひのかみ》（太陽神）の神徳《しんとく》を表し、「タンバ」は日神の徳とかかわりのある国名と推理されている（山中襄太『地名語源辞典』校倉書房）。

これへの反論は多い。たとえば「倭」は北部九州ではなく、説話を伝えた新羅人は、「倭」を日本全体と考えていたのではないかとする説がある。しかし、伝承が生まれた時代（あるいは脱解王の時代）の倭が、北部九州であった可能性は、すこぶる高い。

もうひとつは、「タバナ」は、朝鮮半島の海の外にあったとしても、それ以上の意味はない、とする説だ。東方はるか大海の中からやってきたという「神話」にほかならない、というのである。

たとえば三品彰英《みしなしようえい》は、『三国遺事』に脱解の本国は東海中の龍城《りゆうじよう》と記されていること、これは日本列島ではなく、朝鮮半島から見て東方の海上に位置するといい、さらに『三国遺事』は、文《ぶん》武王《ぶ》の時代、王の夢に脱解が現れ、託宣《たくせん》をして、王はこれに従ったとある。文武王は白村江《はくすきのえ》の戦い（六六三年）で倭と百済を破ったのち、朝鮮半島を統一した新羅王であり、その時代の王の夢に脱解が登場したところに、大きな意味があると考えて、次のように述べる。

「脱解は新羅の国魂神であるがゆえに、護国の神として祀られ、あるいは史家に上古の新羅王であったとも考えられ、かつは倭国に対する恐怖心と敵愾心とを訴える国家的神人ともなったのであって、もとよりかような脱解が倭人であるはずがない」（『増補　日鮮神話伝説の研究　三品彰英論文集　第四巻』平凡社）

だが、もう少し、別の角度から考えておきたい。脱解の伝説を無視することはできないと思うからだ。

無視できない脱解王伝説

脱解王は、自らを「鍛冶屋の出身」と唱えていたという。弥生時代後期の倭人が、朝鮮半島南部に押しかけて鉄を求めていたことは、中国の文書も認めていて、その中のひとりが脱解だった可能性も捨てきれない。

戦前の日本では、日韓同祖論が盛りあがり、その中で「脱解は倭人の新羅王」と、史学者たちも考えた。愛国心の高まりに、便乗した形だ。五十《い》猛神《たけるのかみ》や稲飯命《いないのみこと》と重ねられもした。

五十猛神はスサノヲの子で、『日本書紀』神代 上《かみよのかみのまき》第八段一書第四に登場する。

天上界で暴れ回り追放されたスサノヲは、子のイタケルを率いて新羅国に舞い下り、曾尸茂梨《そしもり》（慶州《けいしゅう》）に住んだ。そして、言挙《ことあ》げして、「この池に私はいたくない」と言い、赤土（埴土《はにつち》）で船を造り、東に渡り、出雲国の簸川の河上にある鳥上峯《とりかみのたけ》に着かれた（このあと、八岐大蛇《やまたのおろち》退治があるが、省略）。はじめ、イタケルが天から下ったとき、樹の種を多く持って下ってきた。しかし韓国には植えず、すべて故国（日本）に持ち帰り、筑紫からはじめて日本中（大八洲《おおやしまの》国）に種を播き、生えさせて、全国をすべて青山にした。このためスサノヲはイタケルを称賛し、「有功《いさおし》の神」とするのだ。すなわち、紀《き》伊国に坐します神がイタケルなのである……。

かたや、稲飯命は彦波瀲《ひこなぎさ》武《たけ》鸕鶿《う》草葺不合命《がやふきあえずのみこと》と玉依姫《たまよりひめ》の間に生まれた子で、神日本磐余彦尊《かむやまといわれびこのみこと》（神《じん》武《む》天皇）の兄だ。神武東征《とうせい》のおり、熊野の神邑《みわのむら》で嵐に遭い、海に身を投じて鋤持神《さいもちのかみ》（サメ）になったとある。また、『新撰姓氏録《しんせんしょうじろく》』右京皇別に、「新良貴《しらぎ》氏は稲飯命ののちの人で、稲飯命は新羅国王の祖」と記されている。この『新撰姓氏録』の記事があって、稲飯命は脱解王に結びつけられ、脱解王は倭人と考えられたわけだ。

なぜ、『日本書紀』も記録しなかった倭人の新羅王の話を、『新撰姓氏録』の編者は「知っていた」のだろう。なぜ、このような伝説が残されていたのだろう。古代人は、まるで浦島太郎伝説のように、「昔々、日本海を渡ってあちらで王に立った人がいた」と、語り継いでいたのではあるまいか。

タバナはどこにあった？

ここでふたたび、タバナの地理の話にもどろう。

先述した三品彰英は、当時の「倭」は北部九州ではなく、もっと広い地域だったから、「倭の東北千里」は、日本列島からはみ出てしまうといっているが、これは本当だろうか。

たとえば『旧唐書《くとうじょ》』倭国日本伝に、次の記事が載る。

日本国は倭国の別種だ。日辺《にっぺん》（東）にあるため「日本」を名にしていた。あるいは次のようにも言っている。「倭国は自身の名が雅ではないことを憎み、あらためて日本を名乗った」と。あるいは言う「日本は古くは小国だったが、倭国の地を併合した」と。

この証言は、ほとんど注目されてこなかったが、考古学が進展してみると、無視できなくなってきたと思う。

かつて、ヤマトは北部九州の富と権力を貯えた強い王が東に移って建国されたと信じられていた。たとえば、北朝鮮の歴史学者・金錫亨《キムソクヒョン》は朝鮮半島の任那が北部九州に渡ってきて、分国を建て、その分国が東に移ってヤマトになったと主張している（『古代朝日関係史』金錫亨　朝鮮史研究会訳　勁草書房）。これが「任那分国論」で、任那が日本を征服したと言い、ヤマトの王は朝鮮半島からやってきたと考えている。しかし、すでに述べたように、考古学は、このような発想を根底から否定している。

三世紀のヤマトと山陰勢力が、北部九州沿岸部に押し寄せていたことがわかっている。ヤマトは西側からの攻撃に頗る強いが、北部九州は東側から攻められると脆弱なのだ。だから、あっという間に北部九州は席巻されてしまった。福岡県福岡市（奴国）や大分県日田市に拠点を構えたヤマト勢力が、北部九州から壱岐・対馬・朝鮮半島へとつながる流通ルートをおさえてしまったと考えられる。

脱解説話を無視してよいのか

問題は、ヤマト建国直前の近畿地方南部とその東側の「銅鐸文化圏」では、強い王の発生を嫌い、ゆるやかなネットワークを維持し、強い権力の発生を嫌い、富や鉄を貯えていなかったと考古学者が指摘していることだ。「東は貧しかった」ことはたしかで、北部九州の繁栄した地域からみれば、「弱々しい貧しい人びと」に見えただろうし、これまでの常識通り、北部九州の「大きく富を蓄えた地域」が東遷してヤマトが建国されるのは、当然と思われた。

しかし、強く富み栄えた北部九州は、三世紀に「弱く貧しい東」に呑み込まれてしまったのだ。「小さな日辺の国＝日本」が北部九州の「倭」を併呑《へいどん》したという『旧唐書』倭国日本伝の記述は、考古学が「そのとおり」と、証明してしまったのだ。だから、『旧唐書』の言う倭国は北部九州であり、脱解の生まれ故郷の多婆那国が倭国の東北千里の場所にあったという話も、「日辺の日本のどこか」に想定可能となる。

上垣外憲一《かみがいとけんいち》は、タンバ（丹波、丹後）の古名はタニハで、上古の日本語の「ハ」は「パ」だったことから、タニハ、タンバは「タニパ」「タンパ」と呼ばれていた（tankpa→tanapa→tapana）こと、タニハは脱解王の故郷タバナ（多婆那国）に通じると推理する。その上で、昔脱解の末裔の昔于老《せきうろう》が倭の使節の接待をしていたり、于老の子の代には倭との通婚が行われていたという記事に注目している。

「その昔、氏の始祖の脱解が倭出身とまで断定できなくとも、昔氏は倭との交易を行う氏族ではなかったか、と推測される」（『倭人と韓人』講談社学術文庫）。

この仮説は笑殺できない。

くどいようだが、脱解王が朝鮮半島に流れ着いた時代、まだ、新羅という国は、存在していない。辰韓と弁韓がのちに新羅と加耶になっていくが、両者は雑居していた。ただし、倭人たちは鉄を求めて弁韓に集まったから、その権益を守るためだろう、辰韓と常に争っていたようだ。

「新羅本紀」には、本当なら新羅という国の影も形もなかった時代の倭との交戦記録がある。要は、朝鮮半島東南部に倭人が数多く入り込み、辰韓と利権を争ったのだろう。紀元前五十年にはじまり、五世紀末、倭人が新羅の城を攻めたという記事に至るまで、何度も何度も新羅に攻め寄せたと記録する。ただし、このあと百数十年の間、倭と新羅の間に戦いはない。継体天皇の出現から白村江《はくすきのえ》の戦い（六六三年）に至る時代までが、倭と新羅の蜜月になった。それまで、ほぼ、両者は潜在的な敵国であり、わずかに、五世紀の初頭と、昔脱解の時代（五九年）に、「倭国と好《よしみ》を結び使者を交換した」とあるだけだ。つまり、脱解王の時代の倭との関係修復は、不思議な事件だったわけである。
さらに、昔脱解の重臣の瓠公《ここう》が興味深い。
瓠公は「族姓が詳《つまび》らかではない。もとは倭人」と『三国史記』にあり、紀元前後、脱解よりも早く朝鮮半島に渡っている。新羅建国時（本当の建国は四世紀だが）に諸王に仕えた重臣だ。紀元前二十年、馬韓に派遣されたと「新羅本紀」に記録されている。

馬韓の王は瓠公を責め咎め「辰韓と弁韓の二韓は、私の属国なのだ。それなのに毎年調《みつぎ》物を送ってこない。大国に仕える礼儀を欠いている」と言う。瓠公は次のように答えた。「わが国は二人の王（二聖）が国を立ててから、世は治まり、天候も穏やかで、豊穣で人びとは敬い譲り合っている。辰韓の移民より弁韓、楽浪、倭人に至るまで、慕ってくる。それでも王は謙虚で、下臣を遣わし、交わろうとしている。礼儀を重んじている」という。そこで馬韓の大王は怒り、武器で脅した。瓠公は「どういうことだ」と問いただす。王は怒り、殺そうとしたが、周囲が諫め、かろうじて生きて帰ることができた……。

また、瓠公は脱解の時代に新羅の最高官位に引き立てられている（五八年）。倭からやってきた瓠公が、新羅で大活躍していたこと、その倭の瓠公を脱解王が重用した意味は、けっして小さくない。

脱解をめぐるさまざまな説

もうひとつ、興味深い指摘がある。

『三国遺事』は、脱解の船に宝物と奴婢《ぬひ》が乗せられていたと記録する。金・銀・瑠璃《るり》・玻璃《はり》・水晶・白サンゴ・赤真珠・メノウで、金銀と宝石が満載されていたという。

一方タニハの丹後半島（京都府北部）には玉作《たまつくり》遺跡が多く、弥生時代の遺跡から、大量の玉類やガラス製品がみつかっていて、「多婆那国＝タニハの脱解」がこれらの「交易品」を朝鮮半島にもたらして、鉄と交換しようとしていた可能性を示している。脱解王が王位に就いたのは紀元五七年とされていて、これはまさに、丹後半島における玉造りの最盛期にあたる。

上垣外憲一は丹後半島の玉生産の中心的存在だった扇谷《おうぎだに》遺跡が、弥生中期のはじめに衰退していたこと、何かしらの政争に巻き込まれ、タニハにいられなくなった玉造りの王が、財と民を船に乗せ、交易ルートに乗って朝鮮半島にたどり着いたのではないかと推理している。脱解は加羅の海岸にたどり着き、そこから東方海岸に向かったという航路も、倭国から朝鮮半島への航路をなぞっているという。無視できない指摘だ（『天孫降臨の道』筑摩書房）。

金久与市《かねひさよいち》は瓠公がヒョウタンを腰にぶら下げて海を渡ったという説話について、船にヒョウタンをつけて浮力を得るのは古い航法だとし、さらに丹後国与謝《よさ》郡はかつて「ひさご（瓠）」と呼ばれていたこと、『三国遺事』に脱解の故郷が龍城国とあるが、丹後半島には浦島太郎伝説が残っていることから、「新羅本紀」の記事は、簡単には否定できず、何かしら丹後と結びつくのではないかと考えている（『古代海部氏の系図』学生社）。この発想も、大切だと思う。

大和岩雄《おおわいわお》は「タバナ」を具体的な地名に比定する必要はなく、東方海上から来たとみなすべきだとした上で、『駕洛国記《からこつき》』に海を渡ってきた脱解が加羅王と王位を争ったと記録されていることに注目する。脱解の説話は龍神信仰から生まれたもので、さらに南《ありひしの》加羅国の王権の性格をよく表しているとする（『秦氏の研究』大和書房）。

さらに、脱解が入っていた箱は空船《むなふね》［うつぼ］であり、これが九州の宇佐神宮などに伝わる八幡漂着神話にそっくりだと考えた。脱解は童子（『三国遺事』）だが、八幡神（応神）も童子で、どちらも冶匠や鍛冶神の姿で示現する。それは、八幡漂着説話が、加羅（加耶）や新羅から日本に伝えられたからと推理した。この仮説も貴重だ。

八幡信仰と脱解が似通っていることはその通りで、それがなぜかといえば、脱解説話はヤマト建国と深くかかわっていたからではないかと勘ぐってみたくなる。

昔脱解はカラスの王？

井上秀雄《いのうえひでお》は脱解神話について、アジアモンスーン地帯の卵生《らんせい》神話と東南アジア海洋地域の箱船漂流神話が結合したものと言い、朝鮮半島南部沿岸地域の文化圏は、東南アジア漁撈文化圏に入ると指摘している（『古代海人の謎　宗像シンポジウム』田村圓澄・荒木博之編　海鳥社）。

『日本書紀』の天孫降臨は北方系の神話だが、卵生神話の要素を含んでいる。天津彦彦火瓊瓊杵《あまつひこひこほのににぎの》尊《みこと》は「真床追衾《まとこおうふすま》（寝具）」にくるまれて降臨するが、これは新生児であり、穀霊を意味し、一種の卵でもある。

八幡信仰にも、卵生神話の要素が組みこまれている。やはり、朝鮮半島の影響を受けていたということだろう。

脱解が朝鮮半島にたどり着いたとき、一羽の鵲《かささぎ》（七夕《たなばた》の時、天の川の架け橋を作る鳥と考えられていた）が従ってきた（あるいは集まってきていた）。「鵲」はカラス科の「カチガラス」のことだ。

ちなみに、昔氏（脱解と末裔）は「鵲」の「偏」の「昔」を姓にしたという。髙山貴久子《たかやまきくこ》は昔氏一族を象徴するのは「カラス（烏）」だと指摘した。その上で、「延烏郎《えんうろう》」と「細烏女《さいうじょ》」の次の伝説に注目する。

> 新羅の第八代王阿達羅《あだつら》即位四年（一五七）のこと。東海の浜に延烏郎と細烏女の夫婦が同居していた。ある日、延烏郎は海で藻を採っていた。するとたちまちひとつの巌《いわお》が出現した（あるいは魚だという）。延烏郎はそれを追って日本に帰った。（日本の）人びとはこれを見て、「尊い人だ」と考え、王に立てた。細烏女は、夫が帰らないので尋ね歩いた。そして、夫のあとを追って海を渡って夫に再会して妃となった。この時、新羅に月の光がなくなり、日を司る天文の役人は、
> 「日と月の精はわが国にありましたが、いまは日本に去ってしまいました」
> というので、王は使者を遣わし二人を求めた。
> 延烏郎は、「私がこの国にやってきたのは天命だったのだ」と言い、妃が天を祀るだろうといい、

絹《きいと》を賜った。するとこのあと、日月は、元通りにもどった。絹は蔵に入れて国の宝にした。

朝鮮半島と日本を結ぶ不思議な神話だが、ふたりの名の中に「烏」の文字があるのは、ふたりが「昔氏」にかかわるからではないかと髙山貴久子は指摘している。また、延烏郎の来日がちょうど倭国大乱の時期と重なることから、延烏郎をスサノヲと睨み、スサノヲを祀る熊野本宮大社（和歌山県田辺市）の神遣いが頭八咫烏《やたがらす》で三本足の烏であることに注目している（『姫神の来歴』新潮社）。

これまでの常識にとらわれない、斬新なアイディアだと思う。

昔脱解の「昔」が「鵲」で、「カラス科」の鳥で、延烏郎らの神話と「烏」でつながっていたと言う話、無視できない。昔脱解は多婆那国から朝鮮半島に渡り、現地で成功して、さらにその末裔《まつえい》が日本にやってきた可能性が出てくるからだ。

すると、やはりここが大切なのだが、昔脱解は「海の外から朝鮮半島にやってきて担ぎ上げられた王」だが、活躍の場を後の世に（四世紀ごろ）誕生する「新羅」の領域に絞ってしまうと、本質が見えなくなると思う。くどいようだが、この時代、まだ新羅や百済や加耶は成立していないし、一連の事件は朝鮮半島南部から東南部の歴史であり、また、六世紀に加耶が新羅に呑み込まれ、本来加耶の領域で起きていた事件も、「新羅」と同一視されてしまうことが多い。たとえば、「新羅王子アメノヒボコ」と「加耶王子ツヌガアラシト」と重なっていたのは、本来アメノヒボコが新羅そのものではなく、加耶東部の地域の出身だったからだろう。

朝鮮半島の加耶の歴史を解き明かそうとしているのに、なぜこのような場所で足踏みをしているかというと、加耶の盛衰は、ヤマト政権の主導権争いと密接にかかわっていたと思うからであり、朝鮮半島側とヤマト政権側、どちらも、真相を隠匿してしまったのではないかと疑っているからだ。

昔脱解、延烏郎、ツヌガアラシト（アメノヒボコ）の説話は、つながっているのではないかと思えてならず、ここに、ヤマトと加耶の「切っても切れない関係」「夫婦のような間柄」の意味が、隠されているのではあるまいか。

日本海の女神・賀夜奈流美命、多婆那国から朝鮮半島に渡った昔脱解、新羅や加耶から日本にやってきた延烏郎やツヌガアラシトの話を追ってきたのは、これまでの発想とは異なる形で、朝鮮半島と日本の関係を見つめ直したかったからだ。加耶は滅亡の直前、ヤマトを恨んでいる。それは、「上から目線」ではなく、まさに、「夫婦の対等な目線」であった。そこに、かつて信じられてきたような、「日本が任那を支配した」あるいは、「任那が日本を支配した」という、民族のアイデンティティをかけた歴史論争ではなく、もっと、有意義な謎かけをしてみたいのである。

そこで次章では、話を本来の加耶の歴史にもどし、なぜ加耶はゆるやかな連合体を形成し、衰退していくのか、その歴史を追っていこう。

第三章　任那（加耶）衰退への道

加耶滅亡の原因を探る

多くの謎を残して、欽明《きんめい》二十三年（五六二）に加耶（任那）は滅亡する。欽明天皇は嘆き悲しみ、亡くなっていく。このあとの大王《おおきみ》（天皇）も、再建を目論んでいく……。

なぜそこまで、ヤマト政権にとって、加耶は大切だったのだろう。そして、加耶そのものの実態がなかなかつかめないのはなぜだろう。滅亡に至る経過も、わからないことが多い。

ただ当然、滅亡の原因はあったわけで、それをひとつずつ探っていかなければならない。

たとえば、加耶の北西側の百済の衰退は、加耶にとっていい迷惑だった。百済は北方の高句麗の圧力を受けて南に移動し、加耶に領土的野心を抱いていったからだ。その様子を、順番に追っていこう。

百済は七世紀後半、白村江《はくすきのえ》の戦い（六六三年）で唐と新羅の連合軍に敗れて滅亡したが、五世紀にも、一度滅亡している。その話からはじめよう。百済の滅亡は、加耶とヤマト政権にとって一大事だった。

すでに述べたように、ヤマト建国前後の主導権争いによって、日本海勢力は没落し、瀬戸内海勢力が主導する政権が立ちあがり、この体制が古墳時代（三世紀後半から七世紀初頭）だった。瀬戸内海勢力は加耶と百済を味方に付け、中国王朝とも接触を試みた。この政権にとってなによりも大切だった国は、一番に加耶であり、次に百済だった。

ところが、百済は中国に近いという地の利（あるいは、ヤマト政権や加耶が百済を経由しなければ中国と通交できない）を活かすことなく、五世紀に衰退していく。高句麗との戦いに疲弊していったのだ。そして、四七五年に、百済は高句麗に攻められ、一度滅亡している。

その三年前、百済の蓋鹵《がいろ》王は北魏に使者を送っていた。高句麗が辺境を侵してきたので、援軍を頼んだのだ。しかし、北魏は応じなかった。蓋鹵王は北魏を恨んだという。

百済は代々南朝と通じていたのだが、もはや持ちこたえられなくなって北魏を頼った。しかし北魏はこれを冷たくあしらった。

百済は、漢山《かんざん》城の落城で、滅亡した。工作員の活躍によって、あっけなく攻め落とされてしまったのだ。

まるでスパイ映画のようだ。高句麗から逃亡してきたという僧・道琳《どうりん》が蓋鹵王に取り入り、城の修築を勧め、大工事の末、財と民が疲弊したところで、高句麗に通報し、攻めさせた。蓋鹵王は捕縛され、百済は滅亡した。ただし、蓋鹵王の子・文周《ぶんしゆう》王は逃れ、南方の錦江《クムチョン》のほとりに拠点を構えた。これが熊津《ゆうしん》城（忠清《チユンチヨン》　南道《ナムド》公州《コンジユ》）で、広大な領地を失いながらも、百済は復活している。

このため百済は、南東側の加耶に領土的野心を抱くようになっていった。加耶滅亡の予兆はすでにこのころに、隠されていたのだ。

安羅（阿羅）をめぐる攻防の謎

ところで、『日本書紀』垂仁《すいにん》二年条に「弥摩那国《みまなのくに》」とあり、これは、古い朝鮮語の「nimnaj」の当て字で、意味は「前」の「浦」のことだという（梁柱東『増訂古歌研究』一潮閣）。山尾幸久《やまおゆきひさ》は、さらにこれを漢訳し、金海《きんかい》の古名の「臨海《りんかい》」と解釈した。そして、「金海」は、金官《きんかん》と臨海を合わせたものとする。つまり、任那は加耶全体のことではなく、具体的には洛東江《ナクトンガン》河口を取り囲む「金官国」をさしていて、洛東江河口や金官の外港の一帯のこととする（『古代の日朝関係』塙書房）。この推理は無視できないが、要は海岸に近い場所にあったということだろう。

このあと、朝鮮半島をめぐるヤマト政権の外交戦は、支離滅裂な状態が続く。その経緯をふり返ってみたい。

磐井《いわい》の乱（五二七—五二八年）ののち、朝鮮半島情勢は、さらに激しく動きはじめる。安羅《あら》（阿羅《あら》）をめぐる攻防がはじまったのだ。

安羅は朝鮮半島南部の拠点であり、ヤマト政権にとってもっとも大切な要衝のひとつだった。一時任那日本府《みまなにほんふ》が置かれていた場所で、加耶支配の中心地だ。ただし、そのような支配機構や出先機関が存在したかどうか、疑問視されてもいるが、ここは『日本書紀』の記事を素直に追ってみる。そして新羅は安羅を圧迫するようになり、百済も進出してきた。

最終的に、安羅をはじめ、加耶は新羅に併呑され、滅亡するのだ（五六二年）。その経過を追っておく。

継体《けいたい》天皇崩御ののち、安閑《あんかん》、宣化《せんか》、欽明と、子供たちが順番に即位していくが、安閑と宣化の母は尾張《おわり》氏で欽明天皇の母は前王家の娘だから、欽明天皇が即位すると、外交政策も変化する。基本的には、継体天皇と尾張系の王家は親新羅派で、旧ヤマト政権と欽明天皇は、親百済派である。


奇妙なのは、任那日本府が、ヤマト政権の命令に従わなくなることなのだ。その経過を『日本書紀』の記事で追っていく。


欽明二年（五四一）夏四月、安羅と加羅の使者と任那日本府の吉備《きび》臣らが百済に赴き、詔書を承った。ヤマト政権から詔《みことのり》が百済に送られ、それを任那日本府の吉備臣らが、百済に赴いて聞いた。百済の聖明《せいめい》王は、次のように語った。

「日本の天皇の詔は、もっぱら任那を復興せよというものだ。どんな策を用いればよいのか。それぞれが忠誠を尽くし天皇に安堵していただかなければならない」

任那の使者は、新羅から返答がなく、卓淳《とくじゅん》（慶尚北道にある国）が新羅に滅ぼされてしまったと訴えた。聖明王は、安羅や加羅などの国々と親交を深めたのに、新羅に欺かれたことは、自分の過失であること、だからこそ、今任那を復興しようと述べ、新羅に攻められれば、自ら赴いて闘うといい、加耶諸国の一部がすでに新羅に呑みこまれたその敗因を分析し、内部分裂などがあったことを認めた。だから、ここで力を合わせようと訴えた。

ところがこのあと、事態は思わぬ方向に進む。

七月、百済は「安羅の日本府」が新羅と謀略をめぐらせたことを知った。そこで使者を送り、任那の再建を謀《はか》らせた。また、新羅と通じた河内直《かわちのあたい》（『新撰姓氏録《しんせんしょうじろく》』には、百済系の渡来人とある。任那日本府の高官）を責め、罵倒した。百済の聖明王は、任那に対し、かつてのように、親密な友好関係を結び、ともに天皇に仕え、強敵に備えようと改めて伝えたのだ。また任那日本府に対しても、日本の天皇の詔を引き合いに出し、「任那が滅亡すれば、あなた方は拠り所を失う」と諭した。


ヤマト政権の出先機関だった「安羅の日本府」が、なぜ百済を裏切ったのか。謎めく話は、さらに続く。


欽明四年（五四三）十一月には、天皇は百済に詔して、

「百済は任那を再建すると言い続けて十年になるが、いまだに約束は果たされていない。任那はあなたの国の棟梁であり、棟梁が倒れれば、誰が家屋を守ることができるだろう。任那が再建されれば、河内直はおのずから退くだろう」

と伝えた。

これを受けて聖明王は、任那日本府に対し任那復興会議に出席するようにもちかけるが、なか

なか応じなかった。

ここも、ヤマト政権は直接日本府に働きかけるのではなく、百済を経由して、日本府を動かそうとしている。これも、不可解な動きではないか。

任那日本府は本当に日本の出先機関なのか

『日本書紀』の任那日本府の記事を、さらに追ってみよう。

欽明五年（五四四）十一月、百済は使者を遣わし、任那の執事《つかさ》と任那日本府の臣を呼び、任那復興会議が開かれて、新羅を追い払うための三つの策が練られた。新羅と安羅の国境に城を造り百済と日本の兵で守ること、敵地の農作業の妨害をすること、任那日本府の吉備臣、河内直らを本国に帰還させることだ。これを天皇に奏上することにした。ところが日本府は、この会議の決定に従わなかった。

欽明九年（五四八）四月。高句麗の百済侵攻に際し、安羅と任那日本府が百済に加勢しなかったことを不審に思い、百済に捕虜となっていた高句麗の兵に問いただすと、任那日本府と安羅が、高句麗をそそのかし、百済侵攻に向かわせたというのだ（明らかな造反だった）。

これを聞いた欽明天皇は、

「任那日本府と安羅が高句麗に密使を送り百済を攻めさせたことは信じてはならない。ただ、隣国の災難を傍観してしまったことは、私の心の痛むところだ」

と述べた。

どうにも納得できない。任那日本府は、ヤマト政権の出先機関だったのだろうか。このあと触れるように、任那日本府の存在そのものが疑問視されるようになってきたが、その行動にこそ、謎が隠されている。

天皇の命令も、直接伝わるのではなく、百済を介しているのも謎だ。しかも、任那日本府は、その命令に従っていない。天皇の命令を無視している。これはどういうわけであろう。

結局、欽明二十三年（五六二）正月に、加耶は滅亡した（「新羅、任那の官家《みやけ》を打ち滅ぼしつ」）。ヤマト政権は百済と手を組み、新羅に応戦したが、政権内部で、意見が分かれたのか。あるいはそもそもこの時代に至っても、外交戦は豪族たちが利害に応じて、まとまりなく独自に展開していたということなのかもしれない。

この頃、政権内部では、外交戦略の一本化をめぐって、政争が勃発していたのだと思う。物部氏と蘇我氏の仏教導入をめぐる争いも、律令整備や外交問題が、複雑にからんでいたはずだ。ヤマト建国時から続く瀬戸内海勢力と日本海勢力の立場の差から来る暗闘は、尽きることがなかったのである。

ただし、物部守屋《もののべのもりや》が滅びたあと物部氏は、蘇我氏にすり寄っている（拙著『豊璋 藤原鎌足の正体』）。そのため、ヤマト政権の施政は、蘇我氏を中心にして、次第に統一されていったのである。

その一方で、加耶を新羅に滅ぼされたヤマト政権は、百済とタッグを組んで新羅に対峙するようになったのかというと、意外な方向に進んでいく。

このあたりの事情を明確にするために、ここから加耶滅亡のきっかけを作った「任那日本府」とはいったい何だったのか、その正体を、まず探っておきたい。

「任那日本府」という謎

加耶はなぜ滅亡したのか。その理由を知るためには、「任那日本府」という謎を解いておかなければならない。かつては、ヤマト政権が加耶諸国を支配し、管理するための役所と考えられていたが、今では否定されるようになっている。ただ、どのような存在だったのか、議論は尽きていない。

『日本書紀』欽明二年（五四一）の記事に「安羅の日本府」が登場するが、いつの間にか加耶諸国は「任那」とひとくくりにされてしまって、加耶諸国そのものを指すようになった。古い歴史教科書には、加耶諸国は「加耶」ではなく「任那」と記されていた。

「任那」は『日本書紀』だけに登場するわけではない。広開土王碑文《こうかいどおうひぶん》その他に残っているが、そこでも加耶全体を指していたわけではない。

長い間、「任那」と「任那日本府」は混同されていた。

古代日本は任那に日本府を置き、ここをベースにして、加耶を支配していたイメージが付きまとったのだ。事実、戦前の史学界は、任那日本府は四〜六世紀にかけて朝鮮半島南部の諸国を経営するためにヤマト政権が設置した出先機関と考えていた。しかし、「任那日本府」が『日本書紀』に登場するのは、欽明二年（五四一）から四年間だけであり、近年では、任那日本府そのものの実在が危ぶまれている。出先機関ですらないという意見もある。

もし、「任那日本府はなかった」という近年の推理を当てはめるにしても、ならばなぜ、『日本書紀』はありもしなかった出先機関を歴史に留めたのか、任那日本府を記録しなければならなかった『日本書紀』の態度の中に、加耶の謎、加耶滅亡の謎を解く鍵が隠されているのではあるまいか。

ここで、任那研究史を俯瞰しておきたい。すでに江戸時代から話題に上っていたが、ここでは明治時代以降に的を絞ることにする。

『大日本史』編纂にかかわった菅政友《かんまさとも》は、明治二十六年（一八九三）に日本における任那史の最初の研究書『任那考』をまとめている。これが、任那研究の基礎となる論考となった。高句麗、百済、新羅と倭の関係を考慮に入れ、『日本書紀』と朝鮮側の史料を対比させ、神功《じんぐう》紀の新羅征討記事を事実と認め、三六二年の事件と推理している。また、広開土王碑文に記された任那記事も、史料としてははじめて取り上げた。

ただし、明治という時代の制約もあり、天皇は神格化され、歴史を美化する目的もあって、『日本書紀』の任那記事も政治的に利用され、古代日本による朝鮮半島支配が強調されていった。この影響もあってか、菅政友は、任那日本府は朝鮮半島南部を支配するための出先機関と考えたのである。

明治時代を代表する歴史学者のひとり、那珂通世《なかみちよ》は『日本書紀』だけではなく、『三国史記』などの朝鮮側の史料を参考として加耶史を研究したが、『日本書紀』が主張している朝鮮半島支配の対象地を具体化するにとどまった。

問題の神功皇后摂政《じんぐうこうごうせっしょう》前紀（仲哀《ちゅうあい》天皇九年）の内容は、以下の通り。

仲哀天皇と神功皇后の夫婦が北部九州遠征を敢行し、沿岸部の首長らが恭順したあと、仲哀天皇が急死。そのあとを受けた神功皇后が、新羅征討を敢行し、新羅王は自国の地図と戸籍と文書を収め、人質を差し出し、八〇隻の船に調《みつき》を乗せて、献上してきた。このあとも、新羅王は常に八〇隻の船で日本に調をもたらすようになった。高麗《こま》（高句麗）と百済は、新羅王が降伏したことを知り、偵察を行ったが、勝てる見込みはないと謝罪し、以後、朝貢を絶やさないことを誓った。これによって、神功皇后は内官家《うちつみやけ》を定めた。これが「三韓《さんかん》」だという。

また、時代は少し下って、神功皇后摂政四十九年には、加羅七国の平定記事が載る。遣わされたふたりの将軍は卓淳《たくじゅん》国（新羅と近接する現慶尚北道大邱）で、百済軍の加勢を得て新羅を破った。こうして、慶尚南道東部と慶尚北道南部の七つの国（加耶諸国）の内の七つを平定した。さらに西側の南蛮《ありひしのからくに》（百済からみた野蛮な地域。全羅南道南部）を平定し、百済に授けた。百済王は、「こののち常に（自身の国を）西蕃《にしのとなり》と称し、いつまでも朝貢しましょう」と、誓いを立てた……。これが、『日本書紀』に描かれた神功皇后の朝鮮半島征討記事のあらましだ。

任那研究がはじまった時代は、天皇を神格化（一神教的な神として）して帝国主義の真似事をはじめた時代であり、神話じみた古代の他国への征討戦説話でさえ、高く評価しがちであった。逆に、戦後の史学界は、その反動で、日本が朝鮮半島側から支配されていたかのような論説を掲げていくのである。

任那日本府に実体はなかった？

津田左右吉《つだそうきち》は、『日本書紀』を中国正史（正しい歴史ではなく、政権側が正式に編んだ歴史書）や朝鮮側の史料と比較した。『日本書紀』を批判し、神功皇后による新羅征討は、『古事記』の方が原型に近いと判断するも、どちらも歴史的事実ではないと指摘した。ただし、四世紀中葉以後のヤマト政権による新羅への大規模な出兵と四世紀中葉から六世紀中葉にかけての朝鮮半島南部支配は認めている。神功皇后摂政四十九年の加耶七国平定物語に関して、これを津田左右吉は、任那日本府が任那（加耶）諸国を統治するきっかけになった事件と考えた。

そして、任那日本府は朝鮮半島南部がヤマト政権に隷属していた時代の統治機関であり、ヤマト政権が新羅と盛んに戦ったのは、加耶に置かれた任那日本府の勢力の維持のためであったと考えた（『古事記及び日本書紀の研究』毎日ワンズ）。

戦後になって、末松保和《すえまつやすかず》は任那史の見直しを進めた。任那を主軸とした対日本、対韓、対中国との関係を求め、日本と朝鮮半島の史料を対比させて、総合的な判断を下そうとした。

任那がヤマト政権の直接支配を受け、百済と新羅は間接支配を受けていたとしても、任那日本府は、ヤマトのミコトモチ（宰《みこともち》）という権限の小さな「使者」がその実態であり、任那日本府の「府」には実体がなく、任那に暮らしていた倭系の役人を指しているにすぎず、常駐して任那を支配するような存在ではないと指摘したのだ（『末松保和朝鮮史著作集4　古代の日本と朝鮮』吉川弘文館）。

三品彰英《みしなしようえい》は、戦前、戦後の『日本書紀』研究が、もっぱら日本中心になっていて、朝鮮半島の記事に対する体系的な研究が少ないと指摘した。ただし、三品彰英の仕事は完結せず、崇神、垂仁、神功皇后、応神の場面で終わってしまった。悔やまれることだ。ただし、これらの朝鮮半島をめぐる考察の中に、朝鮮半島南部にまつわる論及が残されていた。

これによれば、『三国志』魏志韓伝の記事に、朝鮮半島南部と倭が非常に近く描かれていることから、三世紀以前の朝鮮半島南部に倭人が居住していたと判断し、ヤマト政権（大和朝廷）の力が日本各地に広がるにつれ、朝鮮半島南部にも、その力が及んだと推理した。「神功・応神紀」の記事も、年代の干支《かんし》を二巡繰り下げることで、史実とみなすことができるといい、日本による任那経営を肯定したのだ（『増補　日鮮神話伝説の研究　三品彰英論文集　第四巻』平凡社）。

このような朝鮮半島南部をヤマト政権が支配していたという考えは、一九六〇年代を通じて、ほぼ通説化していた。ところが、一九七〇年代に至り、変化が起きてくる。

たとえば吉田晶《よしだあきら》は、任那日本府をめぐる問題は、加耶諸国の利害関係を中心にして考えるべきだと主張し、加耶諸国の自律的発展論がないことを批判した。その上で加耶が大切だったのは、鉄や先進文物の供給地だったからで、百済が南遷して加耶諸国を支配下に置こうとしたこと、だからこそ、ヤマト政権は加耶との間に一定の政治的関係をもつようになったと推理した。また、

『日本書紀』は任那日本府そのものの軍事的な活躍を描いていないことから、統治機関や軍政機関ではなかったと指摘した。また、継体紀や欽明紀に描かれたヤマト政権の朝鮮半島への出兵記事は、百済や加耶への加勢だったと判断している（『岩波講座　日本歴史　第2巻　古代2』岩波書店）。

任那分国論の登場

すでに述べたように、金錫亨《キムソクヒョン》は「任那分国論」を展開している。朝鮮半島側からの視点で任那日本府論を展開したのだ。

まず、『日本書紀』の出雲神話に登場するスサノヲは新羅勢力の出雲進出の神話化であり、天孫降臨神話は駕洛《から》（任那）勢力の北部九州への進出と推理した。また、神武東征は日本列島に生まれた朝鮮半島南部の分国による原住民に対する征服戦と考えた、広開土王碑や『新羅本紀』に登場する「倭」とは、日本列島に進出していた百済、新羅、任那系の分国が母国を救うための軍事活動であり、ヤマト政権とは無関係だという。倭の五王の武らが宋から獲得した称号に登場する「新羅」「任那」「加羅」、「秦韓《しんかん》」、「慕韓《ぼかん》」と言った国名は、朝鮮半島にあった国々ではなく、北部九州に進出していた朝鮮半島南部のそれぞれの分国にほかならないという。そして、『日本書紀』に描かれた任那日本府にまつわる記事は、吉備などの任那分国を併合する過程の事件にすぎないとした。つまり「任那日本府」は、日本列島内に置かれた任那系分国に置かれた統治機関だという。

韓国の李永植《イヨンシク》は、この分国論に対する批判が多いことに同情している。そして、対案は少ないと金錫亨を擁護している（『加耶諸国と任那日本府』吉川弘文館）。

対案を出した中の少ないひとりが井上秀雄《いのうえひでお》で、任那日本府は朝鮮半島南部の加耶（任那）に暮らしていた倭人が実態だといい、その根拠をいくつか掲げている。古代の東アジアの各地に「倭人」が存在したことは、『山海経《せんがいきょう》』や『後漢書《ごかんじょ》』に記され、また『三国志』魏志韓伝と倭人伝には、「（韓の）南は倭に接している」とあり、鉄を採りに倭人が集まっていたこと、「弁辰の人びとは倭人に似ている」とあり、往来があり、この地域に倭人が住んでいたと考えた。新羅が恐れ、侵入に備えた倭人は、加耶の倭人だという。

また、当時の航海技術を考えれば、渡海した倭人は数百人程度で、広開土王碑文や『三国史記』に出てくる倭人や倭兵は、任那諸国の支配者だという。そして、任那日本府とは加耶の倭人の連合体制だったと推理した（『任那日本府と倭』寧楽社）。

しかし李永植は、井上秀雄の考えを否定する。たとえば、日本列島以外の倭人記事はあてにならないこと、倭人と加耶人が似ているという話や、朝鮮半島南部と倭が接しているという記事も両者の交流や文化的類似性を示すにすぎないという。また、『日本書紀』の任那日本府にかかわった人物群は、特別身分の高い者ではなかったことを掲げた（『加耶諸国と任那日本府』吉川弘文館）。

任那をめぐる歴史論争の難しさは、朝鮮半島と日本の間に、民族意識の鍔迫《つばぜ》り合いがどこかにあり、ついつい加熱しがちな点なのだ。朝鮮半島側の「思い」もわからぬではないのだが……。

そこで、日本側の今日的な終着点に近い鈴木《すずき》靖民《やすたみ》の説を紹介しよう。

任那日本府は統治機関ではなく、倭国から派遣された使者や加耶諸国との間に構成された外交交渉団体だったという。加耶が百済と敵対し、これに倭がかかわり、干渉していた。任那日本府は、倭国との外交交渉において、倭の使者を接待する場だったと指摘した。

ただし、『日本書紀』や広開土王碑に従えば、倭が任那に軍事基盤を持っていたことは間違いなく、任那日本府で外交に携わっていた倭人の政治集団は、軍事集団でもあったと推理した（『古代の日本と東アジア』勉誠出版）。

これが、おおよその任那日本府をめぐる仮説の数々だ。任那日本府が加耶統治のための行政機関、軍事機関という発想は、ほぼなくなったとはいえ、ヤマト政権の出先機関だった可能性も、全く消えたわけでは無い。そして、ここに何かしらの外交使節団が滞在した可能性は高い。逆に、朝鮮半島の学者たちは、それを否定する。

難しい論争だが、結論が出ないまま議論が平行線で終わってよいはずがない。そこで、もう少し李永植の学説に注目しておきたい。

吉備臣と任那のつながり

李永植は、『日本書紀』の任那日本府をめぐる記事に「収租、徴兵、力役動員などを行った箇所はまったく見当たらない」と言い、関連記事は、外交交渉の場面だけだと指摘している（『加耶諸国と任那日本府』吉川弘文館）。その上で、自説を述べている。

まず「日本」と言う国号の初見は『旧唐書』倭国伝で、任那日本府の記事が載る欽明天皇の時代にはなかったのだから、「任那日本府」の名称そのものがおかしいとする。また、「府」は官庁や役所の意味で、軍事的な性格を帯びている。しかし、日本で「府」の用例が見られるようになるのは八世紀のことで、この点でも、任那日本府が『日本書紀』の造語だったことがわかると指摘した。

その一方で、任那日本府の関連記事は、史料的価値が高いという評価がある『百済本記《ほんぎ》』に基づいていることが多く、それを踏まえた上で、『日本書紀』の「任那日本府」観を考える必要があると指摘する。

では、『日本書紀』の目論見はどこにあったのか。

まず、大化改新以前のミコトモチの派遣は、屯倉《みやけ》の確保のためだったのだから、『日本書紀』は任那を屯倉と認識していたことになる。しかし、「日本府」の訓みは「ヤマトノミコトモチ」で、「宰」が府の実態と考えられる。その「宰」は「単一の使命を帯びた使者」のことで、任那日本府の「府（ミコトモチ）」は官家（王家の直轄領）ではなく、人間（使者）を指すという。

ミコトモチは使者なのに、なぜ「府」の文字があてがわれたかというと、『日本書紀』編纂当時に、朝鮮半島南部への出兵にかかわる将軍的な存在が想定されるが、これを重ねたのではないかと言う。長期間滞在した使者を、将軍としてとらえてしまったにすぎないと言う。

さらに李永植は、任那日本府に派遣され、加耶とかかわりの深かった吉備《きび》（臣）氏に注目し、五世紀の吉備反乱伝承は、吉備が朝鮮半島南部との外交にヤマト政権よりも先に深くかかわっていたこと、ヤマト政権がその交渉権と先進文物の輸入権を得ようとした事件だったと推理している。

『日本書紀』に残された吉備氏の記事の大部分は朝鮮半島との外交にまつわるもので、両者の関係の根深さが隠されているという。吉備氏はヤマトに先駆けて任那（加耶）との関係を構築していて、吉備氏そのものに、加耶的要素が強いと考えた。

吉備氏の祖先伝承は、応神二十二年九月条にある。吉備国を五つに分割し、上道県《かみつみちのあがた》に中子仲彦《なかつこかつひこ》が封じられ、彼が上道臣《かみつみちのおみ》と香屋臣《かやのおみ》の祖先だとある。この香屋臣は「国造本紀《こくぞうほんぎ》」に登場する加夜《かや》国造で、香屋臣は備中国の国造家であり、「カヤ」は蚊屋《かや》、賀陽《かや》、賀夜《かや》、加夜《かや》とも記され、吉備の中心勢力でもあった。特に加夜氏は吉備氏一族の本宗家とする説がある。考古学的にも、吉備に加耶的要素が流れこんでいる。吉備の製鉄にも、加耶の影響が見出せる。

これらを踏まえると、五世紀末以前までに、吉備の地に加耶系渡来人集団が移住していたこと、吉備政権と加耶との交易と交渉の痕跡が見出せること、吉備と加耶の関係はヤマト政権に統合され、ヤマトの伝承に組み入れられたとする。つまり、吉備臣は加耶系の渡来人であり、吉備氏らの任那での活動記事を整合的に考えるなら、「百済と新羅の間で、母国である加耶諸国の独立維持のために努めていた」と言うのである（『加耶諸国と任那日本府』吉川弘文館）。

ならば、李永植は任那日本府をどのように考えたのだろう。

第一に、任那日本府は、加耶を支配するためでも軍事的なものでもないと言う。百済や新羅との間にあって、外交交渉に終始していたからだ。また、任那日本府がヤマト政権側の命令で動いていたという『日本書紀』の記事は、『百済本記』によって潤色されたからだという。

さらに、ヤマト政権から派遣された使者が、任那日本府の使者と交渉した痕跡が見出せない。それはなぜかと言えば、任那と安羅に派遣されていた吉備臣や河内直らが加耶系渡来人で（これが李永植の持論。任那分国論の流れをくんでいるように見受けられる）、一回性の任務ですぐに帰るのが普通なのに、長期間滞在し、ヤマト政権と疎遠になったこと、現地の加耶勢力との関係を重視するようになったからだという。

それだけではない。百済の掲げた加耶復興策には、加耶諸国のためというより、新羅が優勢になる中、自ら加耶に干渉する目的があったという。高句麗を敵にまわした百済が、外交戦によって自国の負担を軽くしようと考えたという。

五三二年に新羅によって金官加耶が滅ぼされると、加耶諸国は反新羅・親百済方針をとるが、百済が侵食をはじめると、今度は反百済・親新羅に策を切り替え、任那日本府はこれに便乗する。この日本府の動きは、百済のためではなく、あくまで加耶諸国の独立を保つためだったというのである。

また、『日本書紀』が『百済本記』の記事を重視したのは、百済滅亡後、百済の支配層が日本に亡命し、その時持ち出した百済の史料をもとにして『日本書紀』が記され、百済側の主張が織り込まれたからだという。日本で百済系遺民が安住するために、百済がいかにヤマト政権に忠誠を尽くしたかを示し、外交史料を「潤色しかつ改作する必要があった」とする。欽明紀の任那関連史料は、このような史料批判を前提にしなければならないと指摘したのである。

新たな歴史観が求められている

李永植はこれらを踏まえた上で、任那日本府の実体を次のようにまとめる。

任那日本府の活動は百済や新羅との外交交渉に終始し、支配や軍事とは関係ない。「欽明紀」に倭国の命令で任那日本府が動いていたように書かれていたのは、『日本書紀』や『百済本記』の潤色である。任那日本府がヤマト政権や百済に非協力的であったのは、吉備臣ら加耶系渡来人が加耶諸国に協力したからだ（くどいようだが、吉備臣を渡来系とみなしている）。

百済聖明王の任那復興策は、加耶諸国のためのものではなく、対新羅防衛の緩衝地帯だった加耶諸国に対する新羅の侵攻に対処し、加耶に直接干渉するための建前だったという。

この時期の百済にとっての最大の敵は高句麗で、ヤマトの軍勢を加耶に貼り付けておきたかったのだが、その百済側の主張がそのまま欽明紀に記録された。

このような史料批判を前提にして、李永植は、任那日本府は加耶諸国と行動をともにし、利害を共有していたこと、「日本府の動きは、倭や百済のためではなく、加耶諸国の独立維持という利害関係に沿ったものであった。これがいわゆる任那日本府の実体であった」と結論づけるのである（『加耶諸国と任那日本府』吉川弘文館）。

しかし近年、日本の考古学が、新たな歴史観を提示するようになった。朝鮮半島の学者や日本の戦後の史学界がこぞって賛同したような、渡来系による一方的な文化の移入は考えられなくなってきた。まして、渡来人による日本征服論も、もはや通用しなくなった。日本列島人は、縄文的な文化を捨てることはなかったのである。朝鮮半島との関係も、見直されつつある。これまでの先入観を、一度取り払う必要が出てきた。その上での、加耶をめぐる論争にしなければならない。

たとえば、弥生時代のはじまりは朝鮮半島南部から稲作がもたらされてはじまった可能性が高いが、その新たな文化、生業は渡来人が先住民を圧倒するような形で広めていったわけではなく、中心に立っていたのは、先住の人びと（いわゆる縄文人）であり、稲作文化は西日本には比較的早く伝播したが、東日本にはいくつも壁があり、関東に本格的な稲作が伝わるまでに数百年を要していたことがわかってきた。

しかも、稲作を受け入れ、新たな文化を吸収しつつも、ことあるたびに文化の揺り戻しが起き、縄文的な文化はけっして消えることは無かった。「弥生文化」を厳密に規定してしまったら、弥生時代は朝鮮半島南部と北部九州にしか存在しなかったのではないかと考えられるようになってきたのだ。

たとえば福岡市教育委員会の山崎純男《やまざきすみお》は、「縄紋時代前期以来形成された環玄界灘漁撈《ぎょろう》文化圏の存在があったことを忘れてはならない」と言い、同一の漁具と漁撈法を共有し、双方の漁撈民は頻繁に往来し、情報交換をしていたと指摘している（『弥生文化の成立』金関恕・大阪府立弥生文化博物館編　角川選書）。その通りだろう。

加耶滅亡後に大きな変化が

加耶は百済に領土をかすめ取られ、最後は新羅に併呑された。第一章で触れたように、欽明天皇は大いに嘆いたし、その後、ヤマト政権は地団駄を踏みながら、何とかして復興できないかと模索を続けている。

ならば、任那日本府とは、いったいどのような存在だったのか。なぜ、ヤマト政権に楯突いたのか……。

まだ答えは出そうにない。そこで少し視野を広げ、遠回りをしておきたい。加耶滅亡後に起きていた事件を、いくつか紹介しなければならない。

加耶滅亡ののち、日本の外交に変化が起きている。長い間宿敵だった高句麗がヤマト政権にすり寄ってきたのはそのひとつだ。ヤマト政権側も、これを歓迎している。そこに至るまでの経緯を振り返ってみよう。

欽明三十一年（五七〇）四月、高麗（以下高句麗）の使者が越《こし》に漂着し、そのことを江渟《えぬの》（江《え》沼《ぬの》）臣《おみ》裙代《もしろ》が都に詣で、奏上した。

「高麗の使者が嵐に苦しみ、迷って浦津《とまり》（港）を見失い、漂流し、海岸に漂着しました。郡《こおりの》司《みやつこ》が隠していましたが、私が報告に上がりました」

という。ちなみに、ここに登場する江沼臣は蘇我系の豪族だ。越は蘇我系が多い。また道君は、阿倍氏同族で、六世紀初頭に越の男大迹《おおどのおおきみ》王（継体天皇）が担ぎ上げられたころから、急速に発展し、中央で活躍するようになった氏族だ。

欽明天皇はこれに応えた。「私が皇位を継承して何年にもなるが、高句麗の人たちが海路に迷い越に漂着したのは初めてのことだ。苦しんだろうが、命は助かった。これは、徳と慈愛に満ちた教化が及んでいることの表れではないのか？　山城国《やましろの》の相楽郡《さがらかの》（京都府の最南端の木津川《きづ》流域）に館を建てて、浄め祓い、厚くもてなすように」とおおせられた。そしてこの月、天皇は高句麗の使者を召し迎えられた。

五月、膳臣傾子《かしわでおみのかたぶこ》を越に遣わし、高句麗の使者を饗応させた。高句麗の大使は膳臣が天皇の使者であることを知り、道君《みちのきみ》に語った。「お前は天皇ではない。疑っていたとおりだ。お前は膳臣の前に平伏していた。お前は先日、偽って調を取り上げて着服した。それを返せ」と叱責した。すると膳臣はそれを聞いて、調を探し出し、都に帰って復命した。

秋七月、高句麗の使者を相楽館《さがらかのむろつみ》で饗応した。欽明三十二年（五七一）春二月、使者が来たが高句麗の献上物と上表文を奏上する機会がないまま、夏四月に欽明天皇は崩御されてしまった。それを受けて即位したのが敏達天皇だ。

敏達元年（五七二）五月、敏達天皇は件《くだん》の高句麗の使者はどうしているのかを、皇子《みこ》と大臣《おおおみ》（蘇我馬子《そがのうまこ》）に問うた。相楽館に滞在していることを知り、憂え、群臣を遣わし、献上してきた調を調べさせ、記録して都に送らせた。

強敵だった高句麗が軟化してきた

ここから、少し有名な話につながっていく。高句麗の上表文を大臣に読ませて史《ふひと》（渡来系の書記官）を集めてその意味を探ったが、三日かかっても理解できなかった。ところが、船史《ふねのふひと》の先祖・王辰爾《おうじんに》が読み解いて奉ったため、天皇は王辰爾を褒め称えた。

史たちは、文字の知識がなかったわけではない。高句麗の上表文は、烏の羽根に書いてあった。羽が黒かったため、文字が判読できなかったのだ。王辰爾は羽根を水蒸気で蒸し、布に押し当て、文字を写し取ったのだ。この方法に、みな驚いたという。

ただしこのあと、高句麗の使節団の中で、一悶着がある。高句麗の大使《おおつかい》が副使《そいつかい》らをなじり、郡司にだまされて調をとられてしまったことを責めた。高句麗王が事情を知れば、殺されるだろうという。副使らは大使が王に暴露したら困ると相談し、大使を殺してしまったのだ。領客《まろうとのつかさ》の取調べに対し副使らは、うまくいいわけをして、帰国した。

ところが、さらに話は続く。敏達二年夏五月に、高句麗の使者が越に着いた。船は壊れ、溺死した者が多かった。しかし朝廷は頻繁に使者が来ることを不審に思い、饗応せずに返した。ただし、朝廷が送り込んだ送使の吉備海部直難波《きびのあまのあたいなにわ》が、荒波を恐れて、高句麗の使者を海に投げ入れてもどってきてしまった。他の送使の船は、高句麗に向かった。難波は都に戻り、鯨に襲われて命からがら帰ってきたと報告をした。しかし天皇は、嘘を見破り、難波を雑役夫《ぞうえきふ》にしてしまった。

敏達三年（五七四）秋七月、高句麗の使人が都にやってきて、奏上した。それによれば、昨年送使がやってきて、高句麗王は手篤くもてなしたにもかかわらず、使者（高句麗の）が戻ってこないこと、その理由を知りたいという。敏達天皇は、難波が朝廷を欺き、高句麗の使者を殺した罪を責めた。

なにやら複雑ないきさつだが、問題は、それまで交渉のなかった（常に敵対していた）高句麗が、盛んに使者を送ってくるようになったことである。

この一連の外交戦とトラブルは、加耶滅亡後のことなのだが、高句麗とヤマト政権の間に「越」が割って入っているところに、問題の根深さが隠されているように思えてならない。なぜ、越の郡司（阿倍系）が、高句麗の使者に「私がヤマトの王」と嘘をついたのだろう。あるいは、「すぐばれる嘘をついた」という設定が必要だったのだろう。さらに、荒波が怖いからと、高句麗の使者を殺してしまったという話も、にわかには信じがたい。政治的な思惑（つまり、暗殺）はなかっただろうか。

統一王朝・隋の出現と高句麗の焦り

このあとも、高句麗が何度も使者を遣わし、接触してきている。しかも彼らは北部九州ではなく、越（北陸）にやってきていて、ここに大きな意味が隠されていたと思う。

まず、日本海を北から時計回り（右回り）でやってきた可能性も疑っておきたい。

あるいは、のちに渤海《ぼっかい》の船がしばしば越に来着したように、潮流と季節風をうまく使えば、直接高句麗から日本列島にたどり着けたのかもしれない。いずれにせよ高句麗は、新羅を避けていたのだろう。高句麗は、急速に力をつけてきた新羅を恐れ、日本と手を結ぼうと考えたようなのだ。

建国来、長い間敵対していた高句麗とヤマト政権は、加耶という緩衝剤がなくなった途端、不思議な縁で結ばれていったわけだ。歴史の皮肉と言ってよいかもしれない。

中国に久しぶりに統一王朝・隋《ずい》が出現していたことも、大きいだろう。高句麗は大国と国境を接することになり、軍事的対応を迫られたし、隋と高句麗は、死闘を繰り広げていく。

推古三年（五九五）に高句麗から僧・慧慈《えじ》が来日し、二十年間とどまり、聖徳太子の師となる。熊谷公男《くまがいきみお》は、遣隋使《けんずいし》の派遣期間が慧慈の滞在期間にすっぽりと収まり、隋の対高句麗遠征の時期と重なることに注目している。つまり、慧慈がパイプ役となって、隋の攻撃に対処していた高句麗と日本をつないでいたのだという（『日本の歴史03　大王から天皇へ』講談社学術文庫）。

隋は盛んに高句麗を牽制《けんせい》し、高句麗は反撃し、最後はこの争いがきっかけで隋は滅ぶが、そのあと、中国は分裂しないで、唐が出現する。高句麗にとっては、中国の王朝は分裂していた方が都合が良い。

朝鮮半島の国々を恐れさせた高句麗も、加耶滅亡後、統一国家・隋の出現によって、ヤマト政権にすり寄ってくる事態を招いたのだ。

なぜ、加耶滅亡後のヤマト政権と高句麗の外交戦を掲げたかというと、加耶の滅亡は新羅の発展を促し、新羅は朝鮮半島の西海岸へ続く道を確保し（高句麗と百済の中間）、中国王朝と直結し、手を結んだからだ。これは、百済や高句麗にとって脅威となった。

つまり、加耶滅亡はヤマト政権にとって痛手だったが、それだけでは済まされず、朝鮮半島のパワーバランスは、一気に変化したわけである。

そして、このような地政学上の生き残りを賭けた闘争劇の中に、史料の少ない加耶の歴史を再現するためのヒントが隠されていると思えてならないのだ。

さらに、意外なことに、ヤマト政権は「加耶に固執していた時代」を抜け出すと、むしろ外交的に優位な場所に立ったのである。高句麗は新羅や中国王朝を恐れて、宿敵だったヤマト政権に握手を求めてきたし、百済は一層ヤマト政権を頼ろうとした。あるいは、ロビー活動によって、ヤマト政権を動かそうと試みたのである。

それにしても、あらためてここで考えねばならないのは、なぜ加耶をめぐるヤマト政権の外交は統一されていなかったのか、ということだ。結論から先に言ってしまえば、瀬戸内海勢力と日本海勢力が、地政学的な要因から、朝鮮半島の東西ふたつの勢力とそれぞれが結びついていたからで、すでに三世紀から、加耶周辺の利権の奪いあいが起きていたのである。

そこで次章では、ふたつのヤマト政権という視点から、加耶滅亡に至る道のりを、見つめ直してみたい。

第四章　加耶滅亡に至る経緯

加耶滅亡直前の日本情勢

加耶の開国は神話に求められる。天から舞い降りた六つの金の卵が、六人の童子になった。その中のひとりが首露《しゆろ》だ。彼は大駕洛《だいから》（金官国《きんかん》）の王となって、あとの五人は五加耶の主になった。中心に立ったのは首露だが、ドングリの背比べのイメージが強い。ゆるやかにつながる連合体を形成し、鉄と交易によって、繁栄した。

そんな加耶がなぜ滅んだのか、その原因を探るために、六世紀初頭の第二十六代継体《けいたい》天皇の出現と、磐井《いわい》の乱（五二七―五二八年）の謎を、まず解いておかなければならない。

四世紀末から五世紀にかけて、高句麗が朝鮮半島南部に圧力をかけ、加耶諸国は次第に衰退していった。特にそれまでもっとも栄えていた沿岸部の金官加耶のダメージは特に大きく、加耶諸国の中心勢力は北側で内陸部の大加耶に移っていったのだ。大加耶は南へ進出し、港を手に入れ、直接日本と交易を行うようになった。ところが徐々に国力を落とし、また、百済と新羅が両側から圧迫して、加耶は困窮した。そして、任那日本府（ヤマト政権の外交策）もうまく機能するこ

五世紀の朝鮮半島

河内春人『倭の五王』（中公新書）を参考に作成

となく、六世紀半ばに加耶は新羅に併呑《へいどん》されてしまった。

なぜ、加耶は滅んだのか、その理由を探るためにも、加耶滅亡直前の五世紀末から六世紀半ばに至るヤマト政権側の動きを見つめ直してみたい。

まず注目すべきは、六世紀初頭の第二十六代継体天皇（男大迹王《おおどのおおきみ》）の出現である。五世紀後半に雄略《ゆうりやく》天皇が出現して、ヤマト政権は中央集権国家づくりへの歩みがはじまった。三世紀後半から四世紀にかけて誕生したヤマトの王家は、実権を伴わない祭司王《さいし》であった。ヤマト政権が中央集権的でなかったことは、意外なことに、前方後円墳《ぜんぽうこうえんふん》が証明している。

前方後円墳は規模（面積）で言えば、世界一を誇る巨大墳墓だ。だから、一見して、ヤマトの王家の絶大な権力を想像しがちだ。しかし、見方を変えると、前方後円墳の本質が見えてくる。

世界の王墓は、都周辺に造られた。強い権力を握った者たちだけが、巨大な墓を造営できたのだ。しかし日本では、各地の王（首長）が、巨大前方後円墳の造営を許された（その時代その時代のヤマトの王墓よりも大きい墓は造られなかったが）。それはなぜかと言えば、ヤマト政権が強い権力を振りかざしたわけではなく、流通のネットワークを基本にして成立した政権だったことを表している。埋葬文化を共有することで連帯が生まれるゆるやかな統治システムは、三世紀後半（あるいは四世紀）から六世紀末、七世紀初頭まで続いたのである。

ところが、四世紀末から五世紀にかけて、高句麗が南下政策を採り、朝鮮半島南部の国々がヤマト政権に援軍を求めるようになって、遠征軍が派遣されるようになると、王家の意識も変わっていったようだ。

朝鮮半島に派遣された軍団は、豪族（首長）たちの支配する民を寄せ集めたものだったから、国家としての統一された迅速な意思決定は遅れただろうし、それとは逆に、ヤマトの王家は東アジアで名を売っていくことになる。

ちなみに、『隋書《ずいしょ》』倭国《わこく》伝は、新羅や百済がヤマト政権を頼っていた様子を記録している。「新羅や百済では、倭国が大国で珍物が多い国と考え、倭国をかしこみ敬い、常に使節を往き来させている」と記している。漠然と、古代日本は常に朝鮮半島の風下にあったと信じられがちだが、少なくとも高句麗が朝鮮半島南部を苦しめていた時代のヤマト政権は、強い発言権を持ち続けていたし、背後の憂いのない地政学上の優位性を利用して、大きい顔をしていられたわけだ。

また、倭の五王が中国から爵位を得ることによって、国内的にも以前よりも高い権威を振りかざすようになったと思われる。

雄略天皇は、最初皇位継承候補ではなかったが、クーデターによって玉座を獲得すると、強い王を目指した気配がある。『日本書紀』は、雄略天皇がまちがって人を殺してしまうことも度々で、「大《はなは》だ悪《あ》しくましします天皇《すめらみこと》なり」と、罵られていたと記録する。

実際に、雄略天皇は当時最大の権力者と政敵を滅亡に追い込んでいる。それが葛城《かつらぎ》氏の円大《つぶらのおお》臣《おみ》で、雄略天皇に追われた皇族を匿い、全滅した。政敵に恨まれていたことは間違いないだろう。『日本書紀』が天皇の悪い評判を記録するのは、それほど多いことではない。改革者としての雄略天皇は、思いきった事業を手がけ、だからこそ、反動勢力も多かったのかもしれない。『日本書紀』は、雄略天皇のまわりには、わずかな者しか従ってこなかったと記されている。ただその一方で、五世紀半ばまでほとんど活躍のなかった大伴《おおとも》氏が抜擢されたところに、大きな意味が隠されている。大伴氏は神武《じんむ》天皇を守って九州からやってきた豪族であり（拙著『大伴氏の正体』）、実権のない王家に近侍《きんじ》していた。ところが雄略天皇は、彼らの力を借りようとしている。あまり注目されていないし、「そもそも神武東征そのものが絵空事」と考えられているから、大伴氏と天皇家の絆の深さに、これまであまり関心が向かなかったのだ。しかし、主導権争いに敗れ、復活する見込みもない零落した王家の祖に付き従い、長い間苦労を共にしてきた大伴氏が、「強い王を目指す雄略天皇」に、大いに期待し、寄り添った可能性は高い。

『万葉集』編纂《へんさん》は大伴家持《おおとものやかもち》が手がけたと思われるが、巻頭の歌と、肝心な節目には必ず雄略天皇の歌が挿入されていて、大伴氏が雄略天皇を強く意識していたことが分かる。既得権益で守られた旧体制側の豪族たちを蹴落とすために、大伴氏が抜擢されたわけだ。

また、大伴氏と同じように南部九州から王家を守ってヤマトに上ってきた隼人《はやと》の存在も無視できない。雄略天皇が亡くなった時、隼人の一人が陵墓の前で嘆き悲しみ、食事を与えても手を出さず、亡くなったという話が『日本書紀』に載る。大伴氏と隼人は、弱い王家とともに辛酸をなめ、ようやく雄略天皇の出現によって、日の目をみるようになったのだろう。

大きな影響力を発揮しはじめた大加耶

雄略天皇の目論見が達成したかというと、実に疑わしい。雄略天皇の子の清寧《せいねい》天皇が亡くなると、他の王家に入れ替わる（王家の血統が絶えたわけではない）。さらに、五世紀末、第二十五代武烈《ぶれつ》天皇が登場すると、ヤマト政権は混乱していたようだ。『日本書紀』は、武烈天皇が酒池肉林をくり広げていた様子を記録している。そして、武烈天皇には子がなかったために、皇位継承候補を探すことになったという。

武烈八年（五〇六）十二月、大伴金村《おおとものかなむら》は仲哀《ちゆうあい》天皇の五世の孫の倭彦王《やまとひこのおおきみ》を擁立しようと考え、丹波に使者を送ったが、倭彦王はヤマトの使者を「追討軍」と勘違いして、逃げてしまう。その結果、継体元年（五〇七）、越の男大迹王（継体天皇）に、白羽の矢が立ったわけだ。

ちなみに、武烈天皇が本当に暴君で、跡継ぎがいなくなったのか、はっきりとはわからない。中国の正史は、新王朝成立と共に編纂され、前王朝の非を徹底的に記録する。前王朝の堕落を誇張し、新王朝の世直しの正当性を証明するためだ。だから、武烈天皇の記事（内容があまりにもハレンチ）も、にわかには信じられないし、しかも中国の文書から記事を借用しているのだから、なお不審なのだ。

もうひとつ無視できないのは、雄略天皇の出現以後、盤石だった瀬戸内海政権の土台が揺るぎはじめたことである。もちろん強権発動に対する反動が、あったのだろう。清寧天皇崩御のあと、雄略天皇を恨んでいた皇族が播磨《はりま》でみつかり、ヤマトに連れ戻されて担ぎ上げたという事件も起きていた。また、中央集権化という改革事業に対する反発も起きていたのだろう。ここで、ヤマト建国後の主導権争いで没落していた日本海勢力が、めきめきと力をつけてきた。特に、越の発展はめざましく、ヤマトの王家も手に入れていなかった王冠《おうかん》の文化を採り入れていた。しかも、朝鮮半島東南部（大加耶）からもたらされたものだ。

ここで注目しておきたいのは、五世紀に加耶で起きていた「覇権の移動」のことだ。高句麗が朝鮮半島最南端まで攻め寄せたことで、かつての盟主だった金官加耶は衰退する。これに替わって台頭したのが、北部の大加耶だった。『日本書紀』には、「伴跛《はへ》」の名で登場している。

継体天皇の育った越《こし》（北陸）と大加耶は、大いにかかわっていたから、もう少し大加耶について考えておきたい。

大加耶が五世紀半ばに急速に発展したのは、金官加耶が衰退したからだが、もうひとつの大きな要因は、内陸部の大加耶は最南端の海岸地帯に領土を広げて行くことに成功したことだ。

金官加耶の西隣に阿羅、さらに西側の小加耶があって、この三つの国々で、豊かな多島海《たとうかい》を支配していた。また、浦上《ほじょう》八国ははじめ、阿羅加耶の文化圏、勢力圏に含まれていたが、五世紀前葉には小加耶側に属するようになったと考えられている。小加耶地域と北部九州の結び付きは強く、お互いの文物が出土している。ただし、五世紀中葉以降、大加耶が小加耶を呑み込んでいく。

大加耶は蟾津江《ソムジンガン》河口と麗水《ヨス》半島（麗水湾）の郡司《ぐんじ》と流通の要衝をおさえ、制海権を確立した。これが、大発展のきっかけとなった。そして、大加耶と日本の間に、活発な交流がはじまっていくのである。

まず、日本列島の広い範囲から、五世紀中ごろの大加耶系の土器がみつかっている。福岡県、愛媛県、滋賀県、大阪府、島根県、岐阜県、富山県、山形県だ。さらに、五世紀後半になると、今度は東に広がっていく。北陸（若狭を含む福井県、石川県、富山県）から長野県を経由し、関東に至る地域に大加耶の文物が流れこんだ。また、大加耶からの移住民が北陸地方に居たようだ。この動きは、北陸の発展を促しただろうし、継体天皇擁立のきっかけになったにちがいない。

すでに触れた「ヤマトよりも先に所持していた越の王冠」も、大加耶系で、福井県、富山県、長野県、栃木県の古墳に副葬されていたものである。

ちなみにこの時代の新羅には、大量のヒスイ（硬玉《こうぎょく》）の勾玉《まがたま》がもたらされ、王冠を飾っていた。硬玉ヒスイは新潟県糸魚川《いといがわ》市の特産品で、縄文時代から続く列島人の神宝だ。このお宝を威信財として所持していたのは、越の王であり、五世紀後半に至りヒスイの勾玉を交易品のひとつにして、朝鮮半島南東部と交流していた様子がみてとれる。日本海は、新羅や大加耶の発展と比例して復興した可能性が高い。

継体天皇を支えた人たち

継体天皇には、いくつもの謎が隠されている。応神天皇の五世孫という話も、謎を生んでいる。実際には継体は新たな王家で、王朝交替が起きていたのではないかとする説が根強い。武烈天皇を悪《あ》し様に描いたのも、ここで王家の断絶があったからではないかと指摘されている。

「五世孫」に即位のチャンスがあるとする規定は、『日本書紀』編纂前後の短い期間であり、通例とは異なる。『日本書紀』編纂者は、「五世孫には即位の資格がある」という規定に則《のっと》って、継体天皇即位の正当性を証明したかったのだろうが、六世紀初期、そのような「不文律」が存在したかどうか、実に微妙だ。

さらに、継体天皇は越にいたころ、尾張氏の女性目子《めのこ》媛《ひめ》を娶っている。生まれた二人の男子は、のちに安閑《あんかん》天皇と宣化《せんか》天皇になるのだが、越と東海勢力が結び付き、ヤマトに乗り込む形になった。ここで何が起きていたのか。

なぜこのような疑念を挙げるかというと、八世紀以降の政権は、みな三関《さんげん》〔伊勢《いせ》国鈴鹿《すずか》（三重県亀山《かめやま》市）・美濃《みの》国不破《ふわ》（関ヶ原）・越前《えちぜん》国愛発《あらち》（福井県敦賀《つるが》市南部の旧愛発村と滋賀県高島郡マキノ町との境にある有乳《あらち》山付近）〕の東側を仮想敵とみなし、警戒し続けたからだ。もちろん、継体天皇の血統が今上天皇に続いているのだから、「三関の東側から現れた王家の末裔《まつえい》が、東側を警戒した」という現象に、大きな謎が隠されているわけだ。

それだけではない。継体天皇の中央入りののち、急速に力をつけていくのは蘇我《そが》氏と阿倍《あべ》氏で、どちらももともと越に地盤を持っていたのではないかと思える節がある。

たとえば蘇我氏の場合、「国造本紀」には、越に多くの蘇我系豪族が国造に任命されていたことが記録されている。継体天皇の先祖である応神天皇を守りつづけたのは武内宿禰《たけうちのすくね》だが、この人物は蘇我氏の祖だったと『古事記』は伝えている。

阿倍氏は、六世紀に突然ヤマトで活躍をはじめる豪族で、東国とかかわりが深い氏族だった。だから彼らは、継体天皇とともに、越からやってきた可能性が高い。『日本書紀』によれば、崇神十年九月（ようするにヤマトの黎明期）、越（北陸）に将軍の大彦命《おおびこのみこと》を遣わしたとあり、その末裔が阿倍氏だった。『古事記』には、大毘古命《おおびこのみこと》（大彦命）の子の建沼河別命《たけぬなかわわけのみこと》が阿倍氏の祖といい、「ヌナカワ」はヒスイの原産地の姫川《ひめかわ》のことだ。阿倍氏は、越の日本海地域と強い縁があり、さらにのちの時代に東北蝦夷《えみし》たちは、阿倍氏をリスペクトし、進んで「安倍」を名乗っていくようになった。

ちなみに「アベ」はアイヌ語の「アピ（火）」に由来するのではないかとする説もある（谷川健一『白鳥伝説』集英社文庫）。

いずれにせよ、阿倍氏は日本海や東と強く結ばれた氏族で、五世紀末に至るまで、中央では活躍していなかった。

このあと阿倍氏は、蘇我氏に寄り添うようにして、めきめきと力をつけていく。

継体天皇陵は巨大な今城塚《いましろづか》古墳（大阪府高槻《たかつき》市）だが、古墳時代の終焉へのきっかけを作ったのはこの人物であり、継体政権を盛り立てた蘇我氏や阿倍氏の力が大きかったからではないか。

前方後円墳は瀬戸内海政権の象徴でもあったが、瀬戸内海政権の中心勢力は物部氏で、彼らが蘇我氏に政権の首班の地位を追われたことによって（歴史の断層でもある）、前方後円墳体制は崩壊していく。

ちなみに、古墳時代（前方後円墳体制）が終わる六世紀後半から七世紀にかけて蘇我氏が実権を握るなか採用していったのは、方墳《ほうふん》だった。タニハでは、弥生時代後期から古墳時代にかけて、方墳が造られてきたから、蘇我氏はタニハから越にかけて勢力圏を維持していたと考えられる。

なぜ継体天皇は淀川水系に二十年居座ったのか

継体天皇は即位したあともヤマトには入らず、二十年にもわたって淀川水系に宮を置き続けた。史学者の多くは、旧勢力がのさばっていてヤマトに入ることできなかったのではないかというが、継体天皇を担ぎ上げたのはヤマト政権であり、従来の説には矛盾がある。継体天皇はむしろ、進んで淀川水系に固執したのではなかったか。

日本列島で都にふさわしい場所はヤマトと山背《やましろ》（山城。京都府南部）のどちらだろう。ヤマト建国の目的は、「東（銅鐸《どうたく》文化圏）やタニハ勢力」が北部九州から出雲や瀬戸内海に伸びる鉄のネットワークに対抗することであり、西側から攻められたとき、奈良盆地は鉄壁の守りで西側の敵をはね返すことができた。この点、奈良盆地は「東の政権が西の豊かな国々に対抗するための都」だった。

その一方で、水運の利便性を考えれば、奈良盆地よりも山背の淀川水系の方が、都にふさわしかった。その理由は、琵琶湖を中心に考えるとわかりやすい。琵琶湖から北側の低い峠を越えれば敦賀に出られる。敦賀は天然の良港で、日本海を自在に往来する者たちの止まり木だった。敦賀は日本海側の大きな拠点であり、琵琶湖を通じて、太平洋側ともつながっていた。琵琶湖から不破関（岐阜県不破郡関ケ原町。いわゆる関ヶ原）を陸路で越えれば、東海地方に出られる。また、瀬田《せた》川（宇治《うじ》川）を下れば、大阪湾まで一気に下ることも可能だ。途中、山背の宇治の西側には、巨大な巨椋《おぐら》池がひかえ（現在は消滅している）、ここがジャンクションの役割を果たし、木津川をさかのぼれば、奈良県境、三重県まで到達可能なのである。

つまり、水運を利用した流通の要という点で、淀川水系こそ、古代日本の中心にふさわしかった。それにもかかわらず、長い間都がヤマトに置かれ続けたのは、ヤマト政権が瀬戸内海政権でもあったからだ。

すでに述べたように、ヤマト建国前後の主導権争いによって、瀬戸内海は勝利し、日本海勢力は没落した。瀬戸内海政権は日本海を監視し、瀬戸内海→関門海峡→北部九州→壱岐→対馬→加耶→百済→（楽浪郡）→中国とつづく黄金ルートを確立したのだ。

瀬戸内海政権は五世紀半ばまで安定していたから、山背に都を遷す手もあった。しかしそれをしなかった（できなかった）のは、理由があった。長岡京《ながおか》（京都府向日市《むこう》、長岡京市、大山崎町、京都市の一部にまたがる）や平安京のすぐ西隣に、「丹波国」が控えていて（京都市の西側は京都府亀岡市）、「丹波国」は弥生時代後期の「タニハ」の一部で、日本海勢力とつながっている。山背を見下ろす場所に日本海勢力が居座っていたのだから、瀬戸内海勢力は安心していられない。だからやむなく、瀬戸内海政権は奈良盆地と河内のラインを死守していたわけだ。

継体天皇と物部氏の暗闘

そう考えると、なぜ継体天皇が淀川水系に二十年間たむろしていたのか、その理由がはっきりとする。継体天皇は日本海勢力の復興と瀬戸内海政権の混乱と疲弊によって、擁立された。継体天皇が越で暮らしていたということは、日本海勢力に守られていたのであり、さらに東海の尾張氏と婚姻関係を結んだことも、大きな意味を持っていた。ヤマト建国時に敗れたのは日本海勢力だけではない。東海勢力も没落していた。瀬戸内海勢力が日本海勢力を裏切り、ヤマト建国後祟りに見舞われ、日本海勢力の大物主神《おおものぬしのかみ》を丁重に祀った。そして、瀬戸内海勢力のニギハヤヒが東海勢力のナガスネビコを裏切って日本海勢力の神武天皇を迎えいれたのだった（拙著『磐井の乱の謎』）。ただし、日本海勢力が復興したわけではなく、ヤマトの新たな王家は、大物主神の祟りを鎮めるための祭司王の役割を担わされた。

つまり、越（日本海）の男大迹王が尾張系の女性を娶っていて、その間に生まれた二人の子がのちに即位した意味は、けっして小さくない。ヤマト建国時に敗れた者たちが復活したのであり、ここに継体天皇出現の大きな歴史的意味が隠されていたわけである。

また、この図式が見えてくると、なぜ継体天皇が淀川水系に二十年間居座ったのか、その真意がつかめてくる。

日本海勢力の復活への執念が、継体天皇を生み出したと思う。そして、瀬戸内海政権が急進的な中央集権化策を推し進めた結果、王統が混乱し、そこにつけ込む形（言い方は悪いが）で、継体天皇を擁立することができた。日の出の勢いの日本海勢力は、都にもっともふさわしい山背と周辺を支配しようと目論んだのだろう。だから、継体天皇は淀川水系にこだわったが、旧勢力の逆襲に遭い、ヤマトに入らざるを得なかったのが、本当のところだろう。

ちなみに、継体天皇は尾張氏の目子媛と結ばれていたが、即位と同時に旧王家の女性を娶った。それが手白香皇女《たしらかのひめみこ》で、この女性から生まれたのが、のちの欽明天皇である。この手白香皇女、物《もの》部氏《のべ》（瀬戸内海勢力）の息がかかっていたと思われる。

宮内庁は西殿塚《にしとのづか》古墳（奈良県天理《てんり》市萱生《かよう》町・中山町）の衾田陵《ふすまだのみささぎ》を手白香皇女の陵墓に治定するが、時代が合わず、本当は近くの西山塚古墳（萱生町）と考えられている。六世紀前半の前方後円墳で、全長一一四メートルだ。埴輪《はにわ》が今城塚古墳の物とそっくりで、同じ新池《しんいけ》遺跡（大阪市高槻市）で造られていた可能性が高い。

問題は、西山塚古墳の北側一帯が物部氏の古墳群だったことにある。『日本書紀』の示した手白香皇女の系譜に物部の姿はないが、『日本書紀』が、あえて消し去った可能性が高い。それは勘ぐりすぎとすれば、旧政権の王家に、物部氏がまだ強い発言権を堅持していて、そのために、手白香皇女が「物部氏の陵墓群」に埋葬されたと思われる。

継体天皇は、日本海勢力の後押しを受けて即位したが、旧政権との間に、暗闘を展開していたわけである。

朝鮮半島南東部と利害を共有していた日本海勢力

なぜ、加耶の謎を探るために継体天皇と日本海にこだわったかというと、継体天皇と旧ヤマト政権の駆け引きの中に、加耶滅亡の原因の一部が隠されていると思うからだ。

改めて特記しておきたいことは、すでに触れたように、弥生時代後期の日本海勢力が、朝鮮半島東南部（のちの加耶東部や新羅）と利害を共有していたこと、北部九州から朝鮮半島南部につながる航路を確保するために、ふたつの勢力が力を合わせていた可能性が高いことである。

そして、継体天皇擁立の直前、越や日本海勢力は、新羅や大加耶との交易によって富を蓄えていたと思われること、継体天皇出現が、朝鮮半島東南部に利益をもたらしたであろうことである。長い間新羅は北側の高句麗、西側の百済、西南部の加耶に囲まれ、身動きが取れないでいた。しかたなく、高句麗に近づき、あるときはヤマト政権に人質を送り込んだ。六世紀中頃に至ると、百済が衰退した隙に、百済と高句麗の国境付近に侵攻し、念願の朝鮮半島西海岸に通じる領土を確保するが、その前段階に、継体天皇の出現があった。おそらく、越は新羅と手を結び、力を借りていたはずだ。その証拠に、即位直後の継体天皇は、それまでのヤマト政権の外交策を否定するかのような行動に出ている。瀬戸内海政権は親百済体制を貫いてきたが、継体天皇は百済だけを優遇するのではなく、新羅に対しても、宥和《ゆうわ》政策をとるようになったのである。

ところで、継体天皇出現のもうひとつの要因は、朝鮮半島の動乱と、その原因を作った中国の情勢にある。四三六年、高句麗に隣接する北燕《ほくえん》が、滅亡したのだ。北燕は、五世紀初頭に生まれた五胡十六国時代の国だ。「鮮卑《せんぴ》化した漢人」が立てた国でもある。高句麗にとっては脅威を感じさせる国だったが、ここが滅亡したことで、南下して領土を広げるチャンスがめぐってきた。

この前後、新羅に動きがあった。それまでは高句麗と手を結び、百済や倭を敵にまわしていたが、ここで態度を逆転させた。新羅は一瞬で外交戦略を見直す力があって、じつに目聡い人びとだった。それだけ、つらい思いをしてきたのだろう。

四三三年に百済が新羅に講和話を持ち込み、新羅が飲んだ。四五〇年には、新羅は高句麗辺境の首長を殺してしまい、新羅は謝罪するが、四五四年高句麗が新羅領に侵攻、四五五年に高句麗が百済を攻めると、新羅は百済に手を貸したのである。

ここから、朝鮮半島南部は複雑な歴史をくり広げるようになっていく。もちろん、ヤマト政権と加耶も翻弄されていく。

四七五年九月、高句麗の長寿王《ちょうじゅ》（広開土王の子）は、三万の兵を率い、百済に進軍した。都の漢城を包囲して、百済王（蓋鹵王《こうろ》）は殺された。この事件は、『日本書紀』の雄略二十年（四七六年。『百済記』には四七五年）のこととあり、「百済は滅亡した」と記している。このため、雄略天皇が百済を救うために、熊津《ゆうしん》（百済の南側の慶尚南道の領土）を授けたと言うのである。

強い王家を目指した雄略天皇にとって、同盟国の滅亡は、計算違いだっただろう。朝鮮半島のパワーバランスが、一気にひっくり返されてしまったのだ。百済を救援した新羅の発言力は増しただろうし、百済一辺倒だったヤマト政権の外交策にも、変化が起きるのは当然だった。朝鮮半島東南部と強く結ばれていた越の継体天皇が求められたのも、この「北燕の滅亡の煽りを受けて百済が滅んでしまった事件」が、大きくかかわっていたはずである。

継体天皇の変節？

継体三年（五〇九）春二月、百済に使者を遣わし、任那（加耶）の日本《やまと》の県邑《あがたのむら》（加耶の中のヤマト政権の支配領域と『日本書紀』は主張する）に住む百済の民の、逃亡して戸籍から削除されて本貫《ほんがん》を持たない者の三～四世を経た人を探し出し、百済に移して（強制送還）、戸籍に入れたと、『日本書紀』は言う。「なあなあ」で居住を許してきた百済の人びとに厳しく接したわけである。

ところが、継体天皇の外交策は、このあたりから急速に変化していく。親百済派になっていってしまったようなのだ。

継体六年（五一二）冬十二月、百済が（日本に）使者を遣わして、朝貢してきた。また、上表文を奉り、任那国の上哆唎《おこしたり》、下哆唎《あろしたり》、娑陀《さだ》、牟婁《むろ》の四県割譲を要求してきた。哆唎国守《たりのくにのみこともち》（哆唎国を治めていたヤマト側の役人）穂積臣押山《ほづみのおみおしやま》（物部系氏族）は、現地の状況を次のように報告している。

「これら四つの県《あがた》は、百済に隣接し、日本からは隔たっております」

と述べ、このままでは守り切れないこと、百済に譲り、ひとつの国にすることが堅実な策と勧めた。また、大伴金村も、同調した。そのため継体天皇は割譲を承諾し、物部麁鹿火《もののべのあらかい》を宣勅使《みことのりのるつかい》に任命し、百済の使者に伝えようとしたが、麁鹿火の妻は強く諫めた。すなわち、

「高句麗・百済・任那の地は住吉神が応神《おうじん》天皇に授けた国であり、神功皇后《じんぐうこうごう》と武内宿禰《たけうちのすくね》が国ごとに官家《みやけ》（ヤマトの王家の直轄領）を置き、海の外の防壁として続いてきたのだから、もし他の国に与えてしまえば、後世の誹りを受けます」

というのだ。けれども物部麁鹿火は、「言うことはもっともだ。しかしそれでは、天勅に背いてしまうことになる」というと、妻は「病と偽り、勅宣をやめてしまいなさい」と諫めた。

このため他の使者が立てられ、勅は難波館《なにわのむろつみ》で待っていた百済の使者に伝えられたのである。

こうして、加耶諸国の西側、百済寄りの地域は、百済が支配することになったのだ。百済は高句麗の南下によって失ってしまった領土とほぼ同程度の広さの土地を、確保できたのだ。これが、

いわゆる「任那四県の割譲」である。

問題はこの時、信じがたいトラブルが起きていたことだ。大兄皇子《おおえのみこ》（勾大兄皇子《まがりのおおえのみこ》。のちの安閑天皇。継体天皇と尾張系の目子媛の間に生まれた皇子）は、継体天皇の発した勅の内容を知って驚き、悔い、

「応神天皇の時代から官家を置いてきた国を、そう簡単に蕃国《ばんこく》（百済）が請うままに渡してしまってよいのか」

と述べ、人を遣わし、百済の使者に向かって、命令の撤回を告げさせたのだ。

これに対し百済の使者は、継体天皇の命令はすでに出ていて、皇子が改めて命令しても、それは偽りにしか思えないと拒絶して帰国した。

こうして加耶の西側の一部分は、百済にかすめ取られた。

百済の使者の言い分はもっともで、天皇が裁可した件に皇位継承候補とはいえ息子が父の命令をひっくり返し（しかも父親の許可もなく）、使者に命じることなど、普通なら起こりえない。

ただし、本来なら同じ方向を向いていなければならない政権内部の天皇と皇子が、まったく異なる政策を掲げているところに、違和感を覚える。百済はすでに一度滅亡し、衰退していた。だからこそ、新羅の力を借りて継体天皇は即位できたのだとすれば、なぜ百済に領土を譲るような行動に出たのだろう。大兄皇子の方こそ、正論を吐いていたのであって、父の行動は裏切りに等しい。親百済派であるはずの物部麁鹿火でさえ、詔を伝えられなかったではないか。

激動の時代の歴史を消し去った『日本書紀』

それにしても、この時代の『日本書紀』の記事は、矛盾が多く、頭を抱えてしまうことが多い。

たとえば、今見てきたように、継体天皇の四県割譲（五一二年）の決定に対し、息子で皇位継承候補の勾大兄皇子が、猛反発していた。ところが、継体七年（五一三）十二月条には、次の記事（詔）が載っている。

私は即位して、国を治めるようになり恐れ危ぶむようになった。天下は安寧で国は平穏で、豊穣ももたらされ国は栄えている。こんなにうれしいことはない。摩呂古《まろこ》（勾大兄皇子）よ、わが心を八方に示すとは、何と盛大なことか。勾大兄よ、わが風《のり》を万国に照らすとは……。これらはみな、実にお前の尽力にかかっている。皇太子として私を助け、仁をほどこし、私の過ちを補ってほしい。

外交上の正反対の主張を継体天皇は大目に見て、しかも、「過ちを補ってくれた」と、褒め称えているのだろうか。もし、それが本当なら、継体天皇は百済に与えた領土を取り戻そうとしたのではなかったか。

どうにもよくわからない。

加耶滅亡に至る道のりは、複雑怪奇だ。ヤマト政権側の複雑な人間模様に目が奪われ、いったいどこに真相が隠されているのか、まったく見当がつかないのである。

すでに触れたように、継体天皇は本来親新羅派として即位したはずなのに、なぜか百済に加耶の西側の地域を譲り渡してしまった。百済が一度滅亡し、困窮していたとはいえ、あまりにも拙速な判断だった。しかも息子が、「それはできない」と、天皇の命令を勝手にすり替えようとしている。この混乱振りはいったいなぜおこったのだろう。

継体七年（五一三）夏六月、百済は将軍を派遣して、穂積臣押山に付き添わせ、「伴跛《はへ》国はわれらの己汶《こもん》の地を略奪しました。どうか天恩によって本国に返還してください」と、申し入れてきた。伴跛は、金官加耶衰退後に発展した北部の大加耶であり、この時期百済と反目していたことがわかる。

同年冬十一月、百済の将軍や新羅、安羅、伴跛の使者を朝廷に招き入れ、己汶と帯沙《たさ》を百済に下賜することを伝えた。百済の要求が通ったわけだ。この月、伴跛が使者を遣わし、珍宝を献上してきて己汶の地を求めた。しかし、許さなかった。

ちなみに、先ほど掲げた継体天皇の詔は、この直後（翌月）に出されたものだから、やはり話が矛盾している。

継体八年（五一四）三月、伴跛は複数の城を築き、のろし台や貯蔵庫を置いて「日本」に備えた。また、新羅を攻め、子女を略奪し、村々を侵略した。凶暴な兵士が襲った地域では、生存者は稀で、兵士たちは暴虐の限りをつくし、奢侈にふけり、人々を苦しめた。

継体九年（五一五）春二月、百済の使者（将軍）が帰国したいと願った。そこで物部連《もののべのむらじ》を副《そ》え、帰国させた（『百済本記』に「物部至至《ちちの》連」とある）。この月に沙都嶋《さとのしま》（巨済島《きょさい》）に至ったとき、伴跛人が暴虐の限りをつくしていることを知った。そこで物部連は水軍五〇〇を率いて帯沙江《たさのえ》に直行した。百済の使者は、新羅を経由して本国に帰っていった。

夏四月、物部連が帯沙江に滞在して六日目に、伴跛が攻めてきた。持ち物を略奪し、物部連は命からがら逃げてきた。

継体十年（五一六）夏五月、百済は物部連を迎え入れねぎらい、国に招いて慰問して、贈り物を山のように積み上げた。秋九月に百済は将軍を派遣して、物部連を送り返してきて、己汶の領地を下賜してもらったお礼を述べた。また百済は、別の将軍を派遣し、高麗（高句麗）の使者らを来朝させ、好誼《こうぎ》を結んだ。

あいかわらず、大加耶と百済は仲が悪く、一方で百済の取り計らいで、高句麗の使者が日本にやってくるという、複雑な展開を見せている。

問題は、このあとの『日本書紀』の記事なのだ。十年弱、ほとんど記述がない。書かれているのは、継体十二年（五一八）の春三月、都を弟国《おとくに》（長岡京市と向日市のあたり）に遷したこと（まだヤマトには入っていない）、継体十七年（五二三）夏五月、百済の武寧王《ぶねい》が薨去《こうきょ》したこと、継体十八年（五二四）に百済太子が即位したこと（聖明王《せいめい》）、継体二十年（五二六）に都を磐余玉《いわれのたま》穂《ほ》（奈良県桜井市の中西部から橿原《かしはら》市南東部にかけての地域）に遷したこと……。

この直後から、情勢は急転直下、磐井《いわい》の乱（五二七—五二八年）に突き進んでいく。ところが、そこにいたるまでの歴史記述が、ほぼ欠如している。この間、何が起きていたのか、何も分からないのだ。しかも、継体天皇は淀川水系に固執していたのに、突然ヤマトに入っていた。しかも、その遷都の理由をも、『日本書紀』は記録していない。継体十年秋九月のあと、継体二十年秋九月に至るまで、一年ごとにほぼ一行ずつという記事で終わってしまうのは不自然だ。欠落した年も複数年ある。日本のみならず、朝鮮半島情勢もめまぐるしく動き回っていた時代の歴史を、なぜ『日本書紀』は消し去ってしまったのだろう。

磐井の乱や加耶滅亡に至る謎は、深く、険しい。そして抹殺しなければならない大切な歴史が『日本書紀』の裏側に隠されている。

磐井の乱勃発

継体天皇がヤマト入りした翌年に、磐井の乱がはじまっている。継体天皇が旧ヤマト政権側に取り込まれた直後のことだ。ここに、大きな意味が隠されていると思う。そこで、磐井の乱に至る経緯を追ってみよう。筑紫国《ちくしのくに》造《のみやつこ》磐井《いわい》が、謀反を起こした。

磐井の乱を『日本書紀』は、次のように記録している。

継体二十一年（五二七）夏六月、近江毛野《おうみのけぬの》臣《おみ》が六万の軍勢を率いて任那（朝鮮半島最南端）に赴き、新羅のために攻め滅ぼされた南加羅《ありひしのから》（洛東江下流域）と喙己《とくこ》呑《とん》（慶尚北道慶山）を復興し、任那に合併させようとした。ここに筑紫国造磐井が、密かに反逆を目論んだが、なかなか実行できず、隙を窺っていた。新羅はこれを知り、磐井に賄賂を届けて毛野臣の遠征を妨害するように働きかけた。磐井は火・豊の二つの国（肥前・肥後・豊前・豊後の地域）に勢力圏を広げ、朝廷の職務を行わせなかった。海路を遮り、朝鮮半島諸国（高句麗・百済・新羅・任那）からやってくる朝貢船を誘致し、毛野軍の行く手を遮った。

そして磐井は毛野臣に対し、次のような無礼な言葉を吐いた。

「今でこそ使者としてやってきたかもしれないが、昔はわがともがらとして、肩を擦り肘を触れ、同じ釜の飯を喰らった仲ではないか（「共器《おなじけ》して同《とも》に食《くら》ひき」同等の立場で結び付く慣習の意）。なぜ使いとなったとたんに、従わせようとするのか。そのようなことが、どうしてできよう」

こう言って、戦いは始まった。磐井の態度は、じつに奢っていた。こうして近江毛野臣は、遠征を断念せざるを得なかったのである。

継体天皇は大伴大連金村、物部大連麁鹿火、許勢大臣男人《こせのおおおみおひと》らに詔し、次のように語った。

「筑紫の磐井が背き、西戎《せいじゆう》の地を占有している。今、誰を将軍にすればよいだろう」

すると大伴金村が、

「正直で、仁勇《じんゆう》（慈悲深い上に勇気がある）で兵事に通じているのは、物部麁鹿火の右に出る者はいません」

と、推薦した。これを受け、天皇は物部麁鹿火に征討を命じたのだった。

秋八月一日、天皇は詔して次のように述べられた。

「大連（物部麁鹿火）よ。磐井が従わない。お前が行って討て」

物部麁鹿火は再拝して、次のように申し上げた。

「磐井は西戎の狡猾な人物です。地形（「山の峻《しゅん》」）を利用し反乱を起こしました。徳を破り道に背き、驕慢で、うぬぼれております。昔、道臣命《みちのおみのみこと》（大伴氏の祖。神武東征で活躍した）から室《むろ》屋《や》（大伴金村の祖父）に至るまで、帝を助け敵を討ち、民の塗炭《とたん》（苦痛）を救ってまいりました。今も昔も、変わりがありません（物部麁鹿火が、かつての大伴氏の役割を今回は物部氏が果たすことを語っている）。ただ、天の助けを得ることを、重んじております。慎《つつし》んで、征伐してまいりましょう」

すると継体天皇は詔して、

「良将の戦は、あつく恩恵を施し、慈悲をもって治め、攻撃は川の決壊のような勢いで、戦うこと風の発《た》つが如し」

と言い、続けて、

「大将は民の生死を握っている。社稷《しゃしょく》（国家）の存亡はここにある。つとめ、恭んで天罰を加えよ」

と仰せられ、斧と鉞《えつ》（殺生の権限を持つ者の証）をとって物部麁鹿火に授け、

「長門《ながと》（山口県の北東部から西側）から東側は朕（私）が統制しよう。筑紫（北部九州）から西側は、汝が統治し賞罰を専行しなさい。小さなことは、報告する必要はない」

と命じた。

継体二十二年（五二八）の冬十一月十一日、大将軍物部大連麁鹿火は「賊帥《あたのひとごのかみ》・磐井」と筑紫の御井郡《みいのこおり》（福岡県久留米市中部と小郡市）で戦った。激戦となり、双方譲らなかった。旗や鼓

が対峙し、塵埃《じんあい》が巻き起こった。互いに勝機を得ようと奮迅し、どちらも譲らなかった。だが、ついに磐井は斬られ、境界が定められた。

十二月、筑紫君葛子《つくしのきみくずこ》は父磐井の罪に連座で罰せられることを恐れ、糟屋屯倉《かすやのみやけ》（福岡県糟屋郡）を献上してきた。

これが、『日本書紀』に描かれた磐井の乱の顚末である。

ただし、この一連の説話の中に、中国の古典（『尚書』『淮南子』など）から文章を借用した部分が多数含まれていたという指摘がある（小島憲之『上代日本文学と中国文学　上』塙書房）。今挙げた継体二十一年八月一日条、同二十二年十一月十一日条が、漢籍からの引用だというのだ。『日本書紀』編纂者は、磐井を大悪人に仕立て上げるために、色々粉飾作業をくり返していたのだろう。

そこで、これらの記事をなるべく排除して、問題の本質を突きつめていくと、残るのは、近江毛野臣が任那救援軍を率いて渡海しようとしたこと、これを磐井が阻止し、乱が勃発し、その結果筑紫君葛子が、連座で罰せられることを恐れ、糟屋屯倉を献上したことだ。また、『日本書紀』の近江毛野臣の行動にも矛盾がある。新羅に破れた南加羅を復興するために派遣され、磐井が阻止したと言うが、新羅が南加羅を破ったのは、このあとのことなのだから、話の設定に無理がある。これはいったい、何を意味しているのだろう。

謎めく磐井の乱

磐井にまつわる記録は『日本書紀』だけではなく、いくつもの文書が、取りあげている。たとえば『古事記』に、少し不思議な記述がある。

この御世に、筑紫君《つくしの》石井が、天皇の命に従わず、秩序に背くことがあった。そこで物部荒甲大連《もののべのあらかいのおおむらじ》（物部麁鹿火）と大伴之金村連（大伴金村）を遣わし、石井を殺させた。

なぜこれが不思議な記事かというと、『古事記』の記述の方程式とは異なっているからだ。『古事記』の歴史記述は第二十三代顕宗《けんぞう》天皇の代に一度終わっていて、そのあとの仁賢《にんけん》天皇、武烈天皇以降、最後の推古天皇に至るまで、歴史記述と物語がきれいになくなる。天皇の宮や陵の所在地、后妃と子供たちの系譜を掲げるだけで、無味乾燥としている。だから継体記の磐井の乱の記事は、唐突で特殊なのだ。なぜ、『古事記』編者は、磐井の乱に限って、書き残そうとしたのだろう。それでいて、これだけ短い記事だけというのも、謎めく。

また、『古事記』は、磐井（石井）が反乱を起こしたとは記録していない。ただ秩序を乱したために殺したとある点が注目される。

もうひとつ、『筑後国風土記』逸文に、次の記事が載る。

上妻県《かみつやめのあがた》の南方二里に、筑紫君磐井の墓があるといい、この墓の大きさや、墓の上に石人《いしひと》と石《いし》盾《たて》、石馬《いしうま》、石殿《いしとの》などがずらりと並んでいることが記される。磐井の墓とされる岩戸《いわと》山《やま》古墳（福岡県八女《やめ》市）の墳丘上には、たしかに石人や石馬が残されている。

古老が伝えて言うには、継体天皇の時代、筑紫君磐井は強く暴虐で、天皇の統治に逆らった。生きているうちにあらかじめ自らの墓を築いた。官軍が派遣され、勝てないと悟ると、ひとり豊前国上膳県《かみつけのあがた》（福岡県築上《ちくじょう》郡南部）に逃れ、峻険な山に隠れた。官軍は追ったが、磐井を見失ってしまった。そこで怒りの収まらない兵士たちは、石人の手、石馬の頭を切り落とした。上妻県に不具の人が多いのは、このためだと、言い伝えられている……。

天皇の統治に楯突いたが、徹底抗戦はしていない。そして磐井は、行方をくらますことに成功したことになる。地元の伝承と『日本書紀』の記述は、合致していない。

もうひとつ、「国造本紀」にも、磐井の乱とかかわる記事が載る。伊《い》吉嶋造《きちしまみやつこ》（壱《い》岐直《きのあたい》氏）は、継体天皇の世の人で、石井（磐井）とつながっていた新羅の人を討った天津《あまつ》水凝《みずこり》の末裔の上毛布《かみつみけの》直《あたい》だ、とある。ただし、天津水凝らは、他の文書に登場しないため、この一節の意味は、よく分かっていない。

なぜ磐井は継体朝に背いたのか

なぜ磐井は反旗を翻したのだろう。この謎は、長い間議論されてきたが、定説となるものはない。これまで掲げられてきた仮説をまとめてみると、おおよそ次のようになる。

（1）ヤマト政権の度重なる朝鮮半島遠征で、北部九州の民が疲弊していた。

（2）ヤマト政権の外交策が破綻し、磐井は政策の変更を迫った。

（3）中央集権化が進んだことに、北部九州は反発した。

（4）北部九州側は独立を企んだ。

（5）朝鮮半島側の抗争が日本を巻き込み、代理戦争のような様相を示した。

どの考えにも説得力があるが、決定的ではない。

すでに述べたように、これまで見すごされてきたのは空白の十年、磐井の乱の直前の十年近く、あるいは、継体天皇がヤマト入りを拒んでいたのにヤマトに引きずり込まれるまでの十年近くの歴史を、『日本書紀』は抹殺している。この空白の十年を理解しない限り、この時代の真相は解き明かせないのではないか。

朝鮮半島も激動の時代だったから、ヤマト政権も右往左往していたはずで、記事にする事件がまったくなかったとは信じがたい。『日本書紀』にとって記録することのできない、非常に都合の悪い十年だったのではないか。

継体天皇は越や日本海のみならず、東海地方や東国、さらには朝鮮半島東南部の勢力（新羅や大加耶であろう）の後押しを受けて、三関からみて西の山背《やましろ》にやってきた。瀬戸内海勢力が加耶や百済と手を組み、壱岐・対馬・朝鮮半島・中国へと続く航路をほぼ独占していたであろうこの時代、そこに風穴を開けようと躍起になった人びとを代表して、継体天皇が飛び込み、しかも淀川水系にこだわった。継体天皇を推していたのは、ヤマト建国前後の主導権争いに敗れた地域で、まさに、それまで「瀬戸内海政権＋加耶＋百済」の風下に立っていた人びとであり、日本海の地政学的な優位性を活かすための選択だった。

当然、継体天皇は朝鮮半島東南部の利益も代弁していたわけで、その「新たな試み」は、少なくとも二十年の間、機能していたのではなかったか。そして、後半の十年間は、旧体制側（瀬戸内海勢力を中心とするヤマトの既得権益者たち）との鍔迫《つばぜ》り合い、葛藤があって、結局継体天皇が折れ、ヤマトに入らざるを得なくなったというところが、真相ではなかろうか。そして、この間の政争が壮絶で不正義だったがために、その中味を、『日本書紀』は記録に残せなかったわけだ。

また、継体天皇のヤマト入りは親新羅派あるいは日本海勢力の敗北を意味している。翌年、磐井の乱が勃発したのは偶然ではない。磐井本人が「親新羅派」で、中央政権の動きに抗議したととることが可能となる。『日本書紀』は、磐井が新羅から賄賂をもらっていたとするが、それほど、単純な話ではないだろう。

磐井の乱の謎を解く鍵

磐井の乱の謎を解く鍵は、ふたつある。ひとつは、大加耶。もうひとつは近江毛野臣である。

すでに触れたように、五世紀後半の日本海勢力復活と継体天皇擁立の陰の立て役者が大加耶だった可能性が高い。

大加耶は金官加耶や阿羅、小加耶といった沿岸部の諸国の衰退の隙を突き、小加耶の西側の海岸線を確保することに成功し、直接日本列島との間に、往き来できるようになった。

大加耶は高句麗の脅威に備えるために、日本列島の東側の力を借りようとしたのだろう。

その大加耶は、小加耶の西側に領土を拡張した結果、六世紀に百済と対峙することになる。継体六年（五一二）には、任那四県、翌年には己汶、帯沙をめぐって、騒動が起きている。

『日本書紀』に、任那四県割譲記事が載るが、ここに大加耶の名は登場しない。しかし韓国の考古学者・朴天秀《パクチョンス》は、「百済が大加耶領域である己汶、帯沙地域を攻略することから、これと連繋した任那四県は、前者とともにもともと大加耶の圏域だった地域と推定される」（『加耶と倭』講談社選書メチエ）と指摘した。また、朝鮮半島西南部の任那四県にいくつもの前方後円墳が存在するが、高田貫太《たかたかんた》はこれを造ったのは現地の人びとであり、その理由を、倭との強いつながりを誇示することで、百済を牽制していたと推理した（『「異形」の古墳』角川選書）。その通りだろう。大加耶は港を確保するだけではなく、任那四県の地域と手を結んだがゆえに、百済と直接対峙するようになったのだろう。

そして大加耶が、日本の「三関の東」と「日本海」を選択したことは無視できない。かりに、大加耶が親百済派のヤマト政権と直接交渉しても、門前払いされる可能性は高かっただろう。もちろん、だからこそ「東」を選んだわけで、この外交センス、戦略眼のたしかさには、舌を巻く。

ならばなぜ、五世紀末から六世紀初頭にかけて、ヤマト政権は大加耶や新羅とつながる越の男大迹王を擁立しなければならなかったのか、という謎に行きつく。これまで考えられてきた原因は急進的な中央集権国家造りへの反発があり、混乱が生まれ、王統が途絶えたから、というものだ。しかし実際は、朝鮮半島最南端の海岸地帯が疲弊し、大加耶が西側の要衝を占拠し、さらに日本の越や東とつながってしまったために、妥協せざるを得なくなったというのが、本当のところだろう。

そして次に、近江毛野臣のことだ。

ふたつの加耶とふたつの日本

ここで、磐井の乱の直前の『日本書紀』の記事を追ってみる。

新羅遠征のために九州にやってきた近江毛野臣に磐井は足止めを喰らわせた。『日本書紀』は磐井の態度を「じつに奢っていた」と言う。しかし、気になるのは、磐井が近江毛野臣に放った「同じ釜の飯を喰らった仲」という磐井の一言である。近江毛野臣と磐井に接点があったと『日本書紀』が言っている。

そもそも、近江毛野臣は、何者なのだろう。

『日本書紀』に「近江臣」にまつわる記事が、複数存在する。たとえば崇神二年条の、東山道に派遣され、蝦夷《えみし》の国境を視察した「近江臣満《おうみのおみみつ》」や、推古三十一年（六二三）条の、「近江脚身臣《おうみのあなむのおみ》飯蓋《いいふた》」が任那復興のために新羅征討軍が組織されたとき、副将軍に任ぜられたくだりだ。「近江臣」は、東国や海外遠征の双方で活躍した氏族だったことがわかる。

また、注目されるのは『古事記』孝元天皇の条の記事で、建内宿禰《たけうちのすくね》（武内宿禰）の子・波多八代宿禰《はたのやしろのすくね》が淡海《おうみ》（近江）臣の祖とされていることだ。「近江臣」は蘇我氏と遠い縁でつながっているわけだが、「近江」の二文字を冠するのは、近江国やタニハとかかわっていたからだろう。

一方、磐井は、北部九州で活躍していたが、御先祖様は、東側の人間だったようだ。というのも、『国造本紀』には、筑紫国造が阿倍氏と同族だったと記されているからだ。すでに述べたように、阿倍氏は継体天皇とともに越から畿内に入っていた可能性が高く、少なくとも蘇我系の近江毛野臣とは、本来同じ外交戦略を掲げていたはずなのだ。

そう考えると、多くの謎が解けてくる。

まず第一に、任那四県割譲に継体天皇がGOサインを出し、息子が抵抗したという『日本書紀』の記事が、怪しい。

任那四県割譲は、百済が大加耶の国境付近の領域を接収することになり、政権発足後、淀川水系にとどまり続けていた継体天皇が、それを許すはずがなく、それにもかかわらず、百済が「得をした」という話と継体親子がもめたという設定は、この時代の歴史を改竄するためのトリックだったと思う。朴天秀の推理に従えば、任那四県割譲は、なし崩し的に百済が大加耶の領土に侵入し、継体天皇の面子が潰された事件であろう。

そしてここから、旧ヤマト政権と継体天皇の本格的な暗闘がはじまり、その闘争劇が壮絶なものだったからこそ、『日本書紀』は記録することができず、空白の十年が生まれたに違いない。

この間の外交上のいさかいを克明に描けば、ヤマト建国の真相が露顕し、『日本書紀』編者（時の権力者。具体的には中臣鎌足《なかとみのかまたり》の子の藤原不比等《ふじわらのふひと》）がもっとも嫌っていた蘇我氏の「正義」も、証明されてしまっただろう。

そして、継体天皇がヤマトに「入らざるを得なくなった」翌年に、磐井の乱が起こっているところに、謎解きのヒントが隠されていた。継体天皇は、旧政権（親百済派）の圧力に屈したのだろう。継体天皇が不運だったのは、任那四県割譲（くどいようだが、百済の侵略と思われる）の翌年、大加耶の生命線である蟾津江沿岸部、帯沙と己汶を百済が奪ってしまったところにある。越から直接大加耶とつながっていた航路は危機的状況となり、急速に政権内における政治力と外交上の発言権を失っていったのだろう。

磐井は、「古くさい親百済一辺倒外交を再開するのは許せない」と、継体天皇の変節に、猛烈に抗議したに違いない。これが、磐井の乱の真相であろう。

つまり磐余の乱の原因は、ヤマト建国前後の日本海と瀬戸内海勢力の葛藤によって生まれた亀裂に求められる。そして、ふたつの勢力は、それぞれが朝鮮半島の異なる地域と手を結び、双方の政争が互いに作用しあって、複雑な歴史を作りあげていったわけである。

ちなみに、先述の朴天秀は、百済寄りの栄山江《ヨンサンガン》流域の前方後円墳が密集する地帯があること、かたや大加耶の西南部の古墳には倭系の被葬者が埋葬されていて、どちらにも倭人が少なからず生活していたことが推測され、「それぞれ百済と大伽耶側に動員されたと推定される」（前掲書）と指摘している。

はたして、「朝鮮半島側に動員された」のか、「自主的な日本側の介入」だったのかは断定できないが、日本と朝鮮半島南部で、「ふたつの日本」「ふたつの朝鮮半島」の思惑が、交錯していたことは間違いない。

六世紀末の日本と百済

この章の最後に、百済に駐在した倭系官人・日羅《にちら》の話を紹介しよう。当時のヤマト政権と百済の微妙な関係を知るためだ。長い間ヤマト政権と百済は同盟国だったが、心底信頼しあっていたわけではなさそうなのだ。このあたりに、「ヤマト政権を分裂させる要因のひとつ」が隠されているように思えてならないのである。

敏達十二年（五八三）七月一日、敏達天皇は父（欽明）の遺志を継承し、任那復興を成し遂げたいと次のようなスローガンを掲げる。

亡父（欽明天皇）の御代《みよ》に、新羅は内官家《うちつみやけ》（加耶、任那）を滅ぼした。亡父は、任那の復興を願い続けたが、果たせなかった。そこで今、私は亡父の霊妙な遺志を継承し、任那を復興しようと思う。

このように、力強い言葉を述べたあとに、奇妙な発言がある。

敏達天皇は火葦北《ひのあしきた》（肥国）国造・阿利斯登《ありしと》の子で百済で役人をしていた日羅が賢く勇気のあること、だから日羅と共に計略を立てたいと、百済から召還したのだ。ちなみに、日羅は達率《だちそち》だったという。これは百済の高官のことで、日羅の父の阿利斯登は宣化天皇の時代に朝鮮半島に派遣されていた。百済で倭系の役人が活躍していたことはよく知られている。物部氏も、その中のひとつの氏族だ。

それはともかく、百済王は、日羅がもどってこないのではないかと疑い、命令に従わなかった。しかし、日羅は策を用いて百済王に天皇の命を認めさせることに成功した（詳述は避ける）。日羅は難波に着くと、使者が差し向けられ、慰労され、国政について問い合わせがあった。すると日羅から、次の献策があった。

「政治は、民を守り養うためにあります。ですから、すぐに遠征せずに（百済から援軍要請があったようだ）、三年間、国力を充実させるべきです。食料も兵力も充足させ、そうして出兵すれば脅威になります。そしてすぐ、百済王を召せばよいのです。拒めば、高官や王子を召して下さい。そうすれば、おのずから服従するでしょうし、そのあと罪を問えばよいのです」

さらに、日羅は続ける。

「百済人が策謀して、三〇〇隻の船で筑紫の領土を奪おうと考えています。もし、割譲の申し出があれば、偽って下さい。その上で土地を与え、もし百済が新しい国を造ろうというのなら、最初に女子供を船に乗せてやってくるでしょう。その時、壱岐や対馬に伏兵を置き、殺して下さい。要害の地には、固い要塞を築いて下さい」

ところが、同行していた百済の人たちは日羅が百済にとって都合の悪い情報を流してしまったことを知り、暗殺してしまう。はじめ、日羅が照りかがやいていたので手出しできなかったが

（オーラ？）、光が消えたとき、殺してしまったという（神格化されている？）。しかも、百済人たちは新羅人の仕業であるかのように見せかけた。ただ日羅は、一度蘇生して、新羅人は冤罪だと、真相を言い残して再び亡くなった。

ちなみに日羅の一族は九州の豪族のため、朝鮮半島出兵に何度も参加していたようで、外交戦にも貢献していたようなのだ。

一連の動きを見ていると、どうやら日羅は、百済の危険な動きを察知し、密かに敏達天皇に情報を伝えていて、だからこそ敏達天皇は直接の助言を求めたのだろう。

事件の最大の問題は、もっとも強く同盟で結ばれていたはずの百済が、日本の領土をも狙っていたという事実で、それまでの外交政策の転換が求められていただろうということである。

もうひとつ、興味深い記事が『日本書紀』に残されている。

当たり前のことだが、ヤマト政権は、次第に百済に不信感を抱きはじめていく。日羅の事件は、「お人好し外交」の転機になったのかもしれない。

『日本書紀』推古三十一年（六二三）是歳条に、興味深い記事が載る。

新羅が任那の地に攻め入ったので、推古天皇は新羅を討つべきかどうか、群臣《まえつきみ》に尋ねた。田中臣《たなかのおみ》（蘇我系豪族）は、あわてて討つべきではないこと、実情を把握すべきだと述べた。これに対し中臣連国《なかとみのむらじくに》（『中臣氏系図』によれば中臣鎌足の叔父らしい）は、新羅を討ち、百済に帰属させるべきだと反論した。

すると田中臣は、「百済は約束をすぐに違えて信頼出来ない（百済は是反覆多き国なり）」と言ってのけた。百済は道の距離もだますと、具体的に批判している。推古天皇も田中臣の意見に従った。

六世紀のヤマト政権の外交政策はことごとく失敗し、加耶は新羅に攻められ滅亡してしまった。そのあと、ヤマト政権は、百済とべったりになったわけではなかったし、むしろ、百済の出方に対し、疑心暗鬼になっていたわけである。

ヤマト政権の外交は加耶滅亡後に好転した

これはとても皮肉なことなのだが、ヤマト政権の外交は、加耶（任那）を失ってから、うまく回りはじめている。

例の日羅が殺される前の『日本書紀』に載る話を少ししておこう。

敏達四年（五七五）二月、百済が使者を送り調《みつき》を進上してきた。普段よりも量が多かった。天皇は、まだ任那が再興されていないため、皇子や大臣に詔《みことのり》して、「任那のことを怠ってはならない」と告げた。

ここからヤマト政権は、百済と新羅に向けて、任那復興を要請していくようになる。

四月、新羅、任那、百済に向けて、三人の使者を派遣した。すると六月、新羅が進調してきた。加耶滅亡後、初めての新羅からの使者だった。しかも普段よりも多めにもってきた。新羅の分だけではなく、任那の四つの「邑《むら》（村）」の調も、持ち来たった。

これがいわゆる「任那の調」の初出記事である。加耶諸国は、滅亡する以前、ヤマト政権に調を進上したことはなかった。ところがこの時新羅の官人が任那の使者と称し調を送ってきた。新羅は名目的な日本の領有権を認めた形になった。加耶滅亡以前の任那をヤマト政権が支配していて、それを新羅が追認したという話ではなく、いきさつ上、表面上は「任那」を独立国の形にして、ヤマト政権に朝貢する図式を構築したわけだ。明らかに、新羅はヤマト政権に気を遣っている。ヤマトの外交戦は、ここから好転していくのだ。

敏達六年（五七七）夏五月には、二人の人物が天皇の使者として百済に遣わされた。すると十一月、百済国王は、帰国する使者に、経論《きょうろん》を託し、律師《りつし》、禅師《ぜんじ》、比丘尼《びくに》、呪禁師《じゅこむのはかせ》、造仏工《ほとけつくるたくみ》、造寺工《てらつくるたくみ》の六人を献上した。二年後の敏達八年（五七九）十月、新羅は遣使してきて、仏像を贈ってきた。

新羅も百済も日本に頭を下げてきたという記事、『日本書紀』の「夜郎自大」ととられてもおかしくはないが、新羅、百済、どちらにも、切迫した事情が隠されていたのだ。新羅は、「任那を復興しました」という形を整え、百済は文化使節団を送り込んで、ヤマト政権のご機嫌をとった。どちらも、ヤマト政権の軍事力をあてにしていたわけだ。

この時、百済の威徳《いとく》王が、旧加耶領の奪還を目論み新羅に攻め込んでいたから（五七七年〜五七九年）、朝鮮半島情勢は緊迫していたし、ヤマト政権がキャスティングボードを握っていたことになる。また、百済は目的を果たせずに敗退していた。このあとしばらく、百済は新羅に攻め込んでいない。

そしてこの時代、蘇我氏が台頭し、新たな外交戦略を練っていった可能性が高い。親百済派の物部氏も、ある時期を境に蘇我氏と手を結んでいて（拙著『大化の改新』廣済堂出版）、政権そのものが百済一辺倒外交から脱却しつつあったのだろう。

中国では西暦五八一年に、久しぶりの統一王朝・隋が出現し、六一八年には、唐が登場している。強い中国によって朝鮮半島情勢も大きく変化し、高句麗は隋や唐との対立を強いられ、百済と新羅は生き残りを賭けて、反目していく。百済は、一度息を吹き返し、新羅を圧倒することもあった。ただし、結局百済は滅亡し、復興を目論むも、白村江の戦い（六六三年）で完全に国家は霧散してしまうのである。

終章　なぜ加耶は滅びたのか

加耶滅亡の謎を解く鍵

古代の朝鮮半島最南端と北部九州の文化は似ていて、経済圏も重なっている。また、日本は東アジアと交流をもつ場合、加耶を経由することが多かった。だからこそヤマト政権は加耶との関係を重視した。そのこともあって、朝鮮半島の学者たちは、「加耶が日本文化に多大な影響を与えた」と指摘する。それに対し、日本の考古学者は、「大陸や半島から新たな文物を採り入れたが、古代人は縄文から続く固有の文化を大切にした」と考える。時に両地域は揺り戻しを起こしながら、文化が混ざっていったのだろう。

ただし気を付けなければならないのは、日本と朝鮮半島南部が似たような気候で、似たような地形で、生業もよく似ていると考えがちだが、すべてが同じわけではない。

直接現地に通った井上秀雄《いのうえひでお》は、それほど単純ではないという。従来の学説は、朝鮮半島南部の農業が稲作を中心に成立していたととらえているが、地形を観察すると、決して稲作に適しているわけではなく、新羅の租が粟《あわ》だったことも考えると、畑作が主な生業だったのではないかと指摘している（『任那日本府と倭』（東出版寧楽社）。

加耶諸国にとった戦略も、日本的な島国の発想では解くことができないのかもしれない。まわりに領土欲に満ちたオオカミがたむろする加耶と、海に囲まれ安穏として暮らす列島人では、国防上の危機意識に雲泥の差があったに違いない。だから、加耶は外交戦略の定まらないヤマト政権に、愛想をつかし、恨んだのだろう。

そこで解き明かさなければならないのは、なぜヤマト政権は、バラバラな外交を展開したのか、である。

加耶滅亡の謎を解く鍵は、「ふたつの日本」「ふたつの加耶」ではなかったか。ヤマト建国時、すでに日本側が複数に分裂してしまっていたこと、瀬戸内海勢力と日本海勢力、東海勢力が三つ巴の主導権争いを演じ、瀬戸内海政権が勝利するも、五世紀末に日本海勢力と東海勢力（東）がつながり、復活していたこと、その象徴が継体天皇だったことは、すでに述べてきたとおりだ。このヤマト政権内部の暗闘と加耶情勢が、密接にかかわっていたように思えてならないのである。

そこで、色々な角度から、「ふたつの日本」「ふたつの加耶」が複雑に絡み合い、対立する枠組みが生まれていく様子を探ってみよう。

注目してみたいのは、「浦上《ほじよう》八国の乱」である。

『三国史記』勿稽子《こつけいし》伝《でん》に三世紀初めの朝鮮半島最南端で起きた争乱をめぐる記事が残されている。あらましを拾っておこう。

勿稽子は新羅の奈解尼師今《なかいにしきん》（新羅の十代王）の時代の人だ。彼の家柄に見るべきものはなかったが、人となりが抜群で、子供のころから大きな志を持っていた。時に、浦上八国がともに謀り、阿羅国《あらこく》（駕洛国《からこく》・金海《きんかい》）を征伐したので、阿羅国の使者が救いを求めてきた。尼師今は軍団を送り込んだ。このとき戦役で勿稽子は大功をあげたが、上役に憎まれたことで、記録されなかった。しかし勿稽子は不満を言わず、「志に励むのみ」と語っていた。三年後、骨浦《こつほ》、柒浦《さいほ》、古史浦《こしほ》の三つの国が城に攻めてきたので、王は兵を率いて戦い、救い、三つの国の軍を大いに破った。この時も勿稽子は奮闘するが、評価されなかった。勿稽子は妻に「臣下《しんか》の道は、危険な状態になっても命を投げ出すという。前日の二度の戦役は困難な闘いであった。しかし、命を投げ出すこともなく、身を忘れることもできなかった事を、人が知れば、面目が立たない」と述べ、ついに、勿稽子は隠遁してしまった……。

潔い勿稽子を、人びとは尊敬したのだろう。ただここで問題にしたいのは、三世紀初頭に新羅が朝鮮半島最南端の沿岸部の諸国と争っていたことだ。しかも、阿羅国が攻められ、新羅がこれをバックアップしていた。ここに、大きな意味が隠されていたと思う。

昔于老と浦上八国と神功皇后

もうひとつ興味深いのは、昔于老《せきうろう》（？～二五三年？）のことだ。やはり『三国史記』に載っている。先ほど登場した新羅王・奈解尼師今の子供で、昔脱解《せきだつかい》の末裔《まつえい》だ。浦上八国の乱のあと、倭や百済、高句麗と戦い、最後は倭人に殺されている。

昔于老は、浦上八国が加羅（金海）に攻め寄せたとき（二〇九年）、金官加羅の王子が救援を求めて来たので、于老らに救援させた。八カ国の将軍を撃ち殺し、捕虜になっていた六千人を返している。二三一年、于老は大将軍として甘文国《かんぶんこく》（金泉《きんせん》）を平定し、ここを郡にした。二三三年四月、倭人が金城を急襲し、包囲したので、王自ら戦い、敗走する倭人に騎兵を向け、千余名を斬った。翌年、ふたたび倭兵が東辺を侵したので出陣し、火を放ち敵船を焼き、水に逃げる敵をことごとく殺した。二四〇年には、百済が西辺を侵した。二四四年、于老は官人の最高位に抜擢された。軍事を司ることも兼務した。二四五年、高句麗が北辺を侵した。于老が将兵を率いて戦ったが、勝てず、退却した。この時、寒さに苦しむ兵士を于老がいたわり、自ら薪を焚き、みなが感激した。沾解王《てんかいおう》三年（二四九）年夏四月、倭人が于老を殺した……。

『三国史記』巻四十五の昔于老伝に、于老が殺される詳細ないきさつが記されている。記事は、以下の通り。

沾解王七年（二五三）、倭国の使者・葛那古《かつなこ》が来朝して滞在していた。于老は接待役を任せられていたが、戯れ事に「近いうちにあなたの王を塩づくりの奴隷にし、王妃を炊事婦にしよう」といった。倭王はこれを聞き怒り、将軍・于道朱君《うどうしゆくん》を遣わして攻めてきた。于老は倭軍のもとを訪ね「あれは冗談だった」と弁明したが、倭人は答えず、捕まえて焼き殺して去っていった。のちに倭国の大臣がやってきたとき、于老の妻は国王に願い出て、倭国の使節団を自宅に招いて酒宴を設けた。そして、使者たちが酒に酔ったところで、力士たちが庭にひきおろしみな焼き殺した。倭人は怒り、金城を攻めたが、勝てずに帰っていった。

無視できないのは、昔于老が伝説の昔脱解の末裔であること、この事件とそっくりな話が『日本書紀』に残っていて、しかも神功皇后の時代の話として扱われていることだ。『日本書紀』仲哀《ちゅうあい》天皇九年十二月条（神功皇后摂政前紀《じんぐうこうごう》）の新羅征討の異伝（一に云はく）の中の話だ。

新羅王を虜にして海辺に連れていき、王の膝の筋を抜き、歩けないようにして、石の上に腹ばいにさせ、しばらくして斬り殺し、砂の中に埋めた。ひとり新羅宰《しらぎのみこともち》を帰した。その後、新羅王の妻が夫の屍の埋めた場所がわからないため、新羅宰を誘惑して聞き出そうと考えた。そこで、新羅宰に頼み、「あなたが王を埋めた場所を教えてくれれば、厚く報いましょう。また、あなたの妻になりましょう」という。新羅宰はこの言葉を信じ、屍を埋めた場所を教えてしまった。王の妻は国人とともに謀り、新羅宰を殺し、王の屍を掘り返し、移葬した。そうしておいて、新羅宰の屍を王の墓の土の底に埋め、王の空の柩を挙げてその上に乗せ、「尊卑の秩序は、本来こうあるべきだ」といった。天皇（神功皇后）はこの成り行きを知り、怒り、軍勢を起こし、新羅を滅ぼそうと考えた。軍船は海に満ち、新羅の人びとは恐れおののき、なすすべを知らなかった。そして、王の妻を殺し、罪を謝った。

この場面、昔于老ではなく、新羅王の話となっている。昔于老は昔脱解の末裔で、この時新羅の太子だったから、よく似た境遇だ。しかも、話の内容がそっくりなのは、なぜだろう。

そこで、神功皇后について、考えておきたい。

ヤマト建国の考古学とぴったり重なる人脈

通説では、神功皇后が実在したとしても、四世紀後半の人物と考え、その説話の多くを史実として考えていない。しかし、ヤマト建国の考古学を、『日本書紀』の中でたったひとり、神功皇后がなぞっている事実を無視することはできない。

『日本書紀』が神功皇后の時代に「魏志倭人伝《ぎしわじんでん》」の邪馬台国の記事を差しはさんでいることも、軽視できない。『日本書紀』はヤマト建国の歴史を知っていたからこそ、神武東征を二千数百年前と無理に歴史を長く見せ、さらに、大きな建国の物語を、三つの時代に分けてしまったと思われる。

ここで、「『日本書紀』がヤマト建国史を三つに分解した」という私見について、補足しておきたい。

通説は初代神武天皇と第十代崇神天皇が同一と考える。三世紀後半から四世紀にかけて誕生した、ヤマトの王だ。その主な理由は次の通り。

（1）今から二千数百年前にヤマトに王権（神武）が誕生していたとは到底考えられないこと
（2）二代から九代に至る天皇（いわゆる欠史八代）の歴史記述がほぼ欠如していること
（3）神武天皇の場合、即位前後と晩年の記事が中心で真ん中がすっぽり抜け落ち、そこに崇神天皇の記事を補うことで、ひとつの物語になること
（4）両者ともに「ハックニシラス天皇」と称賛され、初代王であったと思われること

このため、神武天皇と崇神天皇はヤマト建国の初代王とみなされたわけだ。
一方筆者は、神武天皇と第十五代応神天皇は同一と考える。
その根拠は、

（1）神武天皇と応神天皇は九州からヤマトに向かうも政敵が待ち構えていたため、どちらも一度紀伊半島に迂回している。
（2）ヤマト建国の考古学をそっくりそのまま再現しているのは応神天皇の母・神功皇后だけ。
（3）『日本書紀』は神功皇后を邪馬台国の時代の人と位置づけているが、神功皇后は邪馬台国北部九州説の最有力候補地である山門県《やまとのあがた》（福岡県みやま市）の女性首長を殺している。ヤマト（本当の邪馬台国）によるニセの邪馬台国潰しが神功皇后の西征の意味と考えた。

そしてもうひとつ、大切な「状況証拠」を提示しておきたい。それは、第十二代景行天皇から第十四代仲哀天皇に至る「巨人の系譜」の話である。

「ヤマト建国の考古学を再現しているのは神功皇后」と指摘しておいたが、じつは神功皇后の夫の仲哀天皇、仲哀天皇の父親のヤマトタケルと祖父の景行天皇の三人もそれに含まれる。共通するのは「自ら九州に足を踏み入れた人たち」だ。

そして、三人に共通するのは身体的特徴である。『日本書紀』はヤマトタケルと仲哀天皇の身長を約三メートルと特記し、『古事記』は「景行天皇に至っては三メートルを越えていた」と記録していた。つまりこの三代は「九州を圧倒した巨人王」であり、この物語の最後を締めくくっていたのが、神功皇后だったことがわかる。

もうひとつ大切なことがある。『古事記』は、景行天皇の「スネの長さは四尺（約一メートル）」と記録していたのだ。つまり景行天皇は、ナガスネビコ（長髄彦）ではなかったか。

神武天皇のヤマト入りの時、すでにニギハヤヒが君臨していたが、ニギハヤヒがヤマトにやってくる以前から、ナガスネビコはヤマトにいて、ニギハヤヒはナガスネビコの妹を娶ることで、王に立つことができた（『日本書紀』）。ニギハヤヒの母と祖母は物部系だから、吉備系であろう。かたやナガスネビコが東海系だったことは、他の拙著の中で述べたとおりだ。おそらく、三世紀初頭にヤマト盆地にいち早く集結していた東海勢力の王がナガスネビコで、景行天皇なのだろう。

景行天皇の宮が置かれていたのは「纏向」で、第十代崇神天皇と第十一代垂仁天皇も、纏向一帯に宮があった。「景行天皇（ナガスネビコ）に始まる巨人の貴種」がヤマト黎明期の土台を築き、北部九州に進出したのだろう。そして、神功皇后の子の応神天皇が九州からヤマトに戻り、王に担ぎ上げられたと考えられる。

なぜ『日本書紀』は三つの時代を重ねてしまったのだろう。神功皇后の夫が住吉大神《すみよしのおおかみ》であり、その正体は蘇我氏の祖の武内宿禰《たけうちのすくね》だったからだろう（拙著『応神天皇の正体』）。『日本書紀』の研究は急速に進歩し、編纂《へんさん》の中心に藤原不比等《ふじわらのふひと》が立っていたことがはっきりとしてきた（森博達『日本書記成立の真実』中央公論新社）。藤原不比等の父親は中臣《なかとみの》（藤原《ふじわらの》）鎌足《かまたり》で、いわずとしれた乙巳《いつし》の変（六四五年）の立役者。『日本書紀』は蘇我入鹿《そがのいるか》殺しが正義の戦いだったことを証明するために編纂されたようなもので、大化改新《たいかのかいしん》は改革潰しだったのに、中臣（藤原）鎌足は英雄に化けたのだ。藤原不比等が一端権力を握るとその後も藤原氏が朝堂を牛耳ることができたから、藤原氏のための歴史書＝『日本書紀』は、今日に至るまで古代史の教科書的存在になってきたわけだ。

そして、改革者だった蘇我入鹿を真反対の人間に仕立て上げるために、『日本書紀』は多くのカラクリを用意し、しかも蘇我氏の祖がヤマト建国時から活躍していたために、三世紀にさかのぼって歴史改竄をする羽目に陥ったわけだ。

だから、『日本書紀』は神功皇后と武内宿禰の関係を、必死にごまかそうとしたし、見事に成功しているが、住吉大社では、「神功皇后と住吉大神の間に生まれた子が応神天皇」と、ほのめかしてしまっている。しかも住吉大社では、住吉大神のとなりに神功皇后を祀り、仲哀天皇を排除して、『日本書紀』をコケにしている。長い間住吉大社の「レジスタンス」を朝廷が抑制できなかったのは、天皇家も自身の祖が何者なのか、知っていたからだろう。住吉大社はアンタッチャブルな聖域となり、手出しができなかったのだ。臍《ほぞ》をかんだのは、藤原氏だが、下手に圧力をかければ、歴史の真相をかえって暴露されてしまうおそれがあったに違いない。

何を言いたいかというと、神功皇后は弥生時代後期からヤマト建国とその直後の争乱（主導権争い）に至る時代の女傑だったということだ。

弥生時代後期の日本列島は騒乱状態で、中国の歴史書の中に「倭国大乱」と描かれた。また、二世紀末から三世紀の初頭にかけて、日本列島では民族の大移動がはじまって、東から西（北部九州）に向けて、多くの人々が押し寄せ、鉄器の流通ルートも、北部九州中心から畿内中心に入れ替わったのである。

この日本列島の地殻変動と朝鮮半島の騒乱は、無関係ではないだろうし、そっくりな事件が双方に伝わっているのだから、ここに何かしらの歴史が秘められていると思えてならないのである。

ヤマト建国前後（三世紀半ばから後半、あるいは四世紀の可能性も。土器編年による相対的な年代はわかっているが、絶対的な年代……たとえばヤマト建国の象徴となる箸墓《はしはか》がいつ造られたのか、明確にはわかっていない）に日本列島で勃発した主導権争いは政権内部に遺恨を残し、しかも裏切り裏切られる壮絶な事件に、朝鮮半島南部もからんでいた可能性も否定できないのである。

ふたつの日本の端緒はふたつの北部九州？

三世紀の主導権争いの中で、瀬戸内海勢力と日本海勢力は、それぞれが朝鮮半島南部のいずれかの地域と手を結び（瀬戸内海勢力が朝鮮半島最南端の西側、日本海勢力が東側）、そこでも主導権争いをしていたと思われる。それが、目に見える形になったのが、朝鮮半島南部の沿岸部で勃発した浦上八国の騒乱ではなかったか。もちろんここに、日本側の勢力が、それぞれの地域に加勢していたと思われる。ふたつの日本とふたつの加耶が、この段階で激突したのだろう。

このあと、朝鮮半島南部で、四世紀に「国」が誕生していく。新羅と百済と、加耶諸国だ。それぞれの国が、中国や高句麗の圧迫から生き残りを賭けて切磋琢磨していくのだが、基本的に新羅は高句麗とつながり、ヤマト政権は加耶諸国や百済とつながった。ただし、ヤマト建国時の主導権争いの負け組・日本海勢力は、朝鮮半島の東南部と接点を保ちながら、臥薪嘗胆《がしんしょうたん》の日々を送っただろう。

ところで、三世紀の纏向《まきむく》勢力はまだ一枚岩で、多くの人びとが北部九州に乗り込むことに成功していた。なぜうまく事が運んだのかというと「ふたつの北部九州」につけ込んだからだろう。すでに触れてある奴国（福岡県福岡市と周辺）とその隣国の伊都《いと》国（福岡県糸島《いとしま》市と福岡市西区の旧怡土《いと》郡）のライバル関係である。

拙著『応神天皇の謎』の中で詳述したように、神功皇后はヤマト建国時の女傑で、九州の邪馬台国の卑弥呼を倒しに西征した人だと思う。

『日本書紀』に描かれた神功皇后の行軍の様子が、そのままヤマト建国の考古学と重なってくると言ったのは、まさにこの時の話だ。伊都国と奴国が国境を接して競っていて、奴国が衰退しかかったところに、神功皇后たちが乗り込んでいって手を組んだ可能性が高い。そして、伊都国と奴国の対立の図式が、そのまま瀬戸内海と日本海の亀裂に発展したのではなかったか。

そこで、『日本書紀』が記す神功皇后の九州征討説話を追ってみよう。

仲哀二年二月三月、日本海側の角鹿《つぬが》滞在中の神功皇后は、九州の熊襲《くまそ》が背いたため、その足で穴門（山口県）の豊浦《とゆら》（下関市）に向かい、紀伊から急行した夫・仲哀天皇と合流した。その途中神功皇后は若狭の渟《ぬ》田門《たのみなと》を経て、日本海伝いに西に向かっている。仲哀天皇（夫）とは、別々の場所に居たのだ。

ふたりは九月に穴門《あなと》豊浦宮を建て、ここに六年間とどまる。そして仲哀八年春正月、一行は筑紫（九州）に渡った。

すると、北部九州沿岸部の首長たちが、恭順してきた。岡県主《おかのあがたぬし》（岡の地域を代表する者。岡は福岡県遠賀《おんが》郡芦屋《あしや》町）の祖・熊鰐《わに》は、仲哀天皇の噂を聞きつけ、船に五百枝《いおえ》の賢木《さかき》を立て、白銅《ますみの》鏡《かがみ》・十握剣《とつかのつるぎ》・八坂瓊《やさかに》といった神宝をかけて服従の印にして、周芳《すわ》（周防・山口県防府《ほうふ》市）で出迎えた。熊鰐は仲哀天皇の一行を水先案内し、岡水門《おかのみなと》（福岡県遠賀郡芦屋町の遠賀川河口）に導いた。このとき神功皇后は別の船で遠賀川の東側、洞海《くきうみ》（北九州市の洞海《どうかい》湾）に入っている。潮が引いてしまって身動きがとれなくなり、熊鰐が迎えに行き、岡津《おかのつ》（岡水門）に案内した。

次に、筑紫の伊都県主《いとのあがたぬし》（伊都は「魏志倭人伝」に載る伊都国だ）の祖・五十迹手《いとで》がやはり神宝を船にくくりつけ、穴門の引嶋《ひこしま》（山口県下関市彦島《ひこしま》）に出迎えた。そこで天皇は、五十迹手を褒め称えた。

こうして仲哀天皇と一行は、儺県《なのあがた》（福岡県福岡市）の橿日宮《かしひのみや》（香椎宮《かしいぐう》）に入った。

導きだされる推理

この場面、興味深いことがいくつもある。

まず、弥生時代の日本列島を代表する「国」はどこかというと、それは後漢《ごかん》から金印をもらい受けた「奴国《な》」で、すでに述べたように、現在の福岡市周辺だ。天然の良港（博多湾）を活用し、朝鮮半島の鉄を手に入れ、富を蓄え、倭を代表する者として、中国に朝貢したのだ。

ただし、次第に隣接する伊都国の勢いに押され、邪馬台国の時代になると、勢力図は入れ替わった。この経過は考古学的に確かめられているし、「魏志倭人伝」には、一大率《いちだいそつ》が伊都国に常駐し、周囲を監視していたとあり、また、帯方郡《たいほう》から邪馬台国に至る行程記事の中でも、伊都国が重視され、奴国は一段低くみられている。

また、考古学は、興味深い事実を提示している。それは、ヤマトの纏向に周囲から土器が集まったあと、人びとが西側に向かって移動していったが、北部九州の奴国に、人びとが押し寄せていたことだ。

筆者は神功皇后が実在し、しかもヤマト建国前後の女傑だったと考えるが、神功皇后が築いた拠点・橿日宮は、まさに奴国の沿岸部で、しかも高台になっていて、東からやってきた勢力が奴国を支配するには、ここしかないという立地だった。

奴国の首長の末裔は日本を代表する海人《あま》・阿曇《あずみ》氏と思われるが、金印が発見された志賀島の志賀海神社や奴国の支配下にあったと思われる対馬《つしま》（長崎県対馬市）には、阿曇氏の祖（伝説上の人物・阿曇磯良丸《いそらまる》）が神功皇后と強く結ばれ、寵愛されていたと伝わっている。

『日本書紀』の「神功皇后はここに拠点を築いた」という記事と、考古学の「ヤマト建国後まず、奴国に人びとが流れ込んできた」という物証は合致する。そして、このあと、伊都国の領域にも、人びとが流れ込んでいたことが分かっている。

思い出していただきたいのは豊浦宮（山口県）に長期滞留していた神功皇后らがひとたび九州に進軍してみると、多くの首長が恭順してきたこと、その最大勢力が伊都国（伊都県主）だったが、この場面で「奴国の首長」が登場しなかったことだ。その理由を突きつめれば、次のような推理が成立するし、邪馬台国にも言及できる。

北部九州沿岸部の首長たちは、ヤマトの動きに対抗すべく防御を固めたが、一方で神功皇后らは豊浦宮に拠点を構え、着々と九州攻略の準備を続けたのだろう。北部九州側からすれば、ヤマトを封じ込めるために手を結んでいた出雲と吉備はヤマト側に寝返り、北部九州が孤立する形となり、動揺が広がっていったのだろう。

この段階で、北部九州の中心は沿岸部から高良《こうら》山の近くに移され（具体的には山門県《やまとのあがた》）、外交戦によって優位に立とうと考えた気配がある。この北部九州の倭国の中心勢力が、邪馬台国である……。

さらに推理は続く。

神功皇后に呑み込まれた邪馬台国

問題は、神功皇后が奴国に陣取り、伊都国と邪馬台国と、どのように動いたのか、である。推理は以下の通り。

中国は三国時代（『三国志演義』や『三国志』の世界）に突入し、北部九州勢力はいち早く魏に使者を送り込み、「われわれが今、急成長を遂げ、倭を代表する勢力にのし上がったヤマト（邪馬台国）」と報告し、「親魏倭王」の称号を獲得したのだろう。本居宣長《もとおりのりなが》が唱えた、「偽僭《ぎせん》説（『馭戎慨言《からおさめのうたれみごと》』）」である。虎の威を借りて、ヤマトの攻撃を防ごうとしたと思われる。ヤマトは長期戦になれば不利になると考え、周到に準備を進めたのだろう。神功皇后の豊浦宮の長期滞在は、伊達や酔狂ではあるまい。まず、北部九州の防衛上のアキレス腱・日田の土地を確保し（考古学的にも証明されている。小迫辻原《おざこつじばる》遺跡）、その上で、奴国を懐柔し、味方に引き入れたのだろう。『日本書紀』が例の場面で伊都国（伊都県主）の恭順によって北部九州沿岸部は神功皇后らが掌握したと言っておきながら、弥生時代の北部九州の中心勢力だった奴国を登場させなかったのは、この時代に没落していたからではなく、すでに奴国が他の北部九州勢力を裏切っていたから、恭順の意を示す必要がなかったからだろう。奴国の橿日宮に入ることに成功した神功皇后は、一気呵成に山門県に乗り込み、女首長を討ち取ったと『日本書紀』は記録する。これが、卑弥呼の最後と思われる。熊襲征討と言っておきながら、神功皇后は山門県を滅ぼして、九州遠征を終えている。最終目的地が、山門県（邪馬台国）だったからだろう。こうして、北部九州はヤマト勢力に呑み込まれることとなった……。

なぜ、ヤマト建国と邪馬台国の卑弥呼の滅亡をここで説明しなければならなかったかといえば、北部九州は歴史的に、地政学的に、東の勢力には勝てなかったこと、その上で、伊都国と奴国のライバル関係に、仲哀天皇と神功皇后がつけ込んで、奴国に拠点を築き、北部九州を制圧したと考えられるからである。

纒向勢力が奴国に目をつけたのは、「伊都国との敵対関係」があったからだろう。

奴国の王家の末裔は阿曇氏とみられ、彼らは日本を代表する海人だった。壱岐、対馬、朝鮮半島とつながる航路を自在に往き来していただろうし、のちの時代に至っても、朝廷から海人の統領として認められている。

ただ、後漢から金印をもらい受けた頃が繁栄のピークで、次第に勢いは衰えていった。代わって繁栄していたのが、西隣の伊都国だった。伊都国は朝鮮半島から日本列島に至る航路の手前に位置し、天然の良港を備え、奴国に意地悪をしようと思えば、ここで文物を堰き止めることができる場所に位置する。おそらく、伊都国はこの優位性を活かしたのだろう。

奴国と伊都国の繁栄

奴国と伊都国は紀元前後から発展していた。楽浪郡《らくろう》の出現が、大きなインパクトを及ぼしていたと思われる。沿岸部という地の利を得て、交易で栄えたわけだ。

また、奴国は後漢から金印をもらっているから、弥生時代後期の倭を代表する国と見られている。平野の広い奴国は、頭数で伊都国を圧倒していて、「魏志倭人伝」は、奴国の人口を「二万余戸」と記録する。

ただし、奴国よりも本当は伊都国の方が栄えていたのに、奴国はちょうど良いタイミングで後漢に朝貢したにすぎないとする説もある。当時後漢そのものが衰退期に入っていて、内憂外患だったから焦りがあって、奴国を優遇したのではないか、というのだ（藤間生大『埋もれた金印』岩波新書）。大いにあり得る。

奴国は、後漢滅亡（二二〇年）で後ろ盾を失い、権威も失墜していく。ここにつけ込んだのが、ヤマトであろう。

ところで「魏志倭人伝」が奇妙なのは、多くの人口を抱えた奴国の記事が少ないことなのだ。ほぼ無視にちかく、逆に「魏志倭人伝」は人口「千余戸」の伊都国の記述に、百十一文字を費やしている。邪馬台国を除けば、これは別格と言わざるを得ない。

なぜ「魏志倭人伝」は、伊都国を重視したのだろう。じつはここに、思いがけない事実が隠さ

北部九州と主な遺跡地

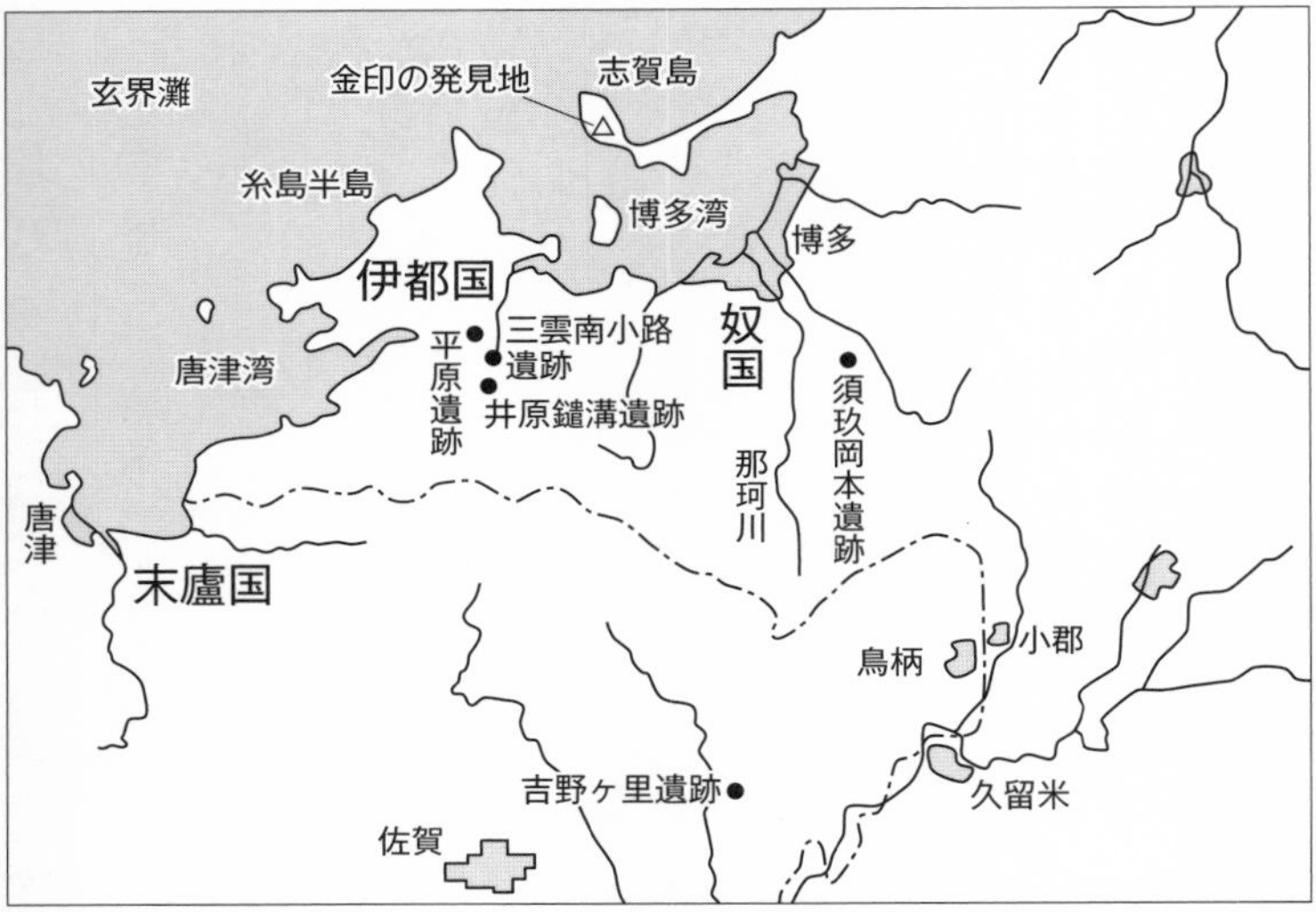

安本美典『奴国の滅亡』（毎日新聞社）を参考に作成

れているため、その理由を探るためにも、奴国と伊都国の考古学の情報を集めておきたい。

弥生時代中期後半から後期の奴国と伊都国は、連合を組み、大海原をともに往き来し、共存共栄の道を歩んでいたはずなのだ。対馬や壱岐には、奴国や伊都国で生産された文物が運び込まれ、対馬や壱岐で出土する朝鮮半島の土器は、伊都国に持ち込まれている。

伊都国の可耕地は狭かったが、交易ルートの優位性という点で言うと、奴国と遜色なかった。だから伊都国は前漢鏡などの古い鏡を手に入れていた。奴国と伊都国は、共に繁栄を誇り、九州島の中でも抜きん出た存在だった。

たとえば伊都国を代表する遺跡が弥生時代中期後半の三雲南小路《みくもみなみしょうじ》遺跡（糸島

市）だ。伊都国の王墓《おうぼ》（発見時は存在しなかったが、本当は三二×三一メートルの方形の墳丘墓だったと考えられている）に、五二枚の前漢鏡、銅矛《どうほこ》二口、勾玉《まがたま》、管玉《くだだま》、ガラス璧《へき》が副葬されていた。驚異的な品々だ。

奴国には、少し遅れた弥生時代中期末に、豪奢な副葬品をともなう王墓が出現している。それが、須玖《すぐ》岡本《おかもと》遺跡で、前漢鏡約三〇面、銅矛、銅戈《どうか》、銅剣、ガラス璧、ガラス製勾玉、ガラス製小玉が副葬されていた。そして、須玖岡本遺跡が含まれる須玖《すぐ》遺跡群には、最先端の青銅器工房がそろっている。ここは「弥生最大のテクノポリス」の異名をとる。

豪奢な副葬品を持つ伊都国の王墓

王墓の副葬品では、伊都国は奴国を圧倒している。

弥生時代後期後半（ヤマト建国直前）の平原《ひらばる》遺跡の平原一号墓の出土品が豪華きわまりない。中国鏡三五面、仿製鏡《ぼうせい》（国産）五面（「銅鏡片」）、素環頭大刀《そかんとう》、勾玉、管玉などが副葬されていた。鏡の数四〇は、ひとつの墓から出土した例としては、日本最多だ。中でも国産の内行花文鏡は精巧な作りで、直径四六・五センチと、世界最大の銅鏡でもある。

埋葬様式も、最先端を走っていた。墳丘墓は弥生時代後期後半に造られているのに、未来を先取りしたような棺を用いていたのだ。

平原遺跡からほど近い三雲・井原《いわら》遺跡には、「魏志倭人伝」に記された「国邑」とみなされる「拠点集落」が広がっている。南北一・五キロ、東西七五〇メートルと、吉野《よしの》ヶ里《り》遺跡（佐賀県神埼《かんざき》郡吉野ヶ里町と神埼市）に匹敵するほどの巨大な集落だ。二重の環濠が張り巡らされていた可能性がある。また、装身具の玉類を生産する大規模な潤地頭給《うるうじとうきゆう》遺跡もみつかっている。西谷正《にしたにただし》はこの玉類を「伊都国のブランド物であったといえるかもしれません」（『魏志倭人伝の考古学』学生社）と考えた。玉類を持ち込み、加工して、交易品にしていた可能性が高いのである。

ただし弥生時代後期、伊都国が北部九州のリーダーだったかというと、よくわかっていない。『後漢書』倭伝には、「安帝《あんてい》の永初《えいしよ》元年（一〇七）に倭国王・帥升《すいしよう》らが生口《せいこう》（奴隷）一六〇人を献じ、皇帝の謁見《えつけん》を願ってきた」とあり、「倭国王」が記録されている。「帥升ら」の表現から、複数の地域がまとまって使者を送ってきた様子が見てとれる。突出した強い王は、まだ出現していなかった可能性が高い。

考古学者は伊都国の発展を物証で確認しているため、多くの場合帥升を伊都国王と考える。その一方で相見英咲《そうみえいさく》は、奴国には広大なネットワークという強みがあったと言い、帥升は奴国王と推理する。そして、弥生時代後期の北部九州では最初に奴国王が立ち、次に伊都国王、そして邪馬台国の順に代表の座に立ったと推理する。

また「魏志倭人伝」に登場する「奴」の名のつく国々（弥奴《みな》国、狗奴《くな》国など九つの「〜奴国」）は奴国とつながっていた「アズミ系の国々」で、朝鮮半島の「ミマナ（任那、金海加耶）」の「ナ」も、「奴国のナ」で、倭人の拠点だったのではないかと推理している（『倭国の謎』講談社選書メチエ）。この指摘は、無視できない。

水野《みずの》祐《ゆう》は奴国と伊都国の覇権争いの隙に、内陸部の「農業国」がめきめき力をつけ、邪馬台国の卑弥呼を擁立したのではないかとする（『日本古代国家』紀伊國屋新書）。この発想は、邪馬台国北部九州論者によくみられる。沿岸部が交易で栄え、これに不満を抱き、後漢の後ろ盾を得ていた奴国に対し、魏と交渉することで、逆転したという。大林太良《おおばやしたりょう》（『邪馬台国』中公新書）や安本美典《やすもとびてん》（『奴国の滅亡』毎日新聞社）らの発想だ。

この指摘も大切だ。ただし、内陸部の国々と沿岸部が全面対決していたわけではなく、複雑にかかわりあっていたことは、このあと説明していく。

邪馬台国畿内論者の考古学者・寺沢薫《てらさわかおる》は、伊都国の突出した繁栄に、瀬戸内以東の諸国が立ちあがり、新たな枠組みを作りあげたと指摘している（『日本の歴史02　王権誕生』講談社）。これがヤマト建国なのだが、最先端の考古学を学べば、こう考えざるを得ない。ただ、もう少し精密なカラクリが隠されていたので、その正体を追ってみよう。

不可解な「魏志倭人伝」の記事

弥生時代後期からヤマト建国前後に至る時代の奴国と伊都国の盛衰を、もう一度整理してみよう。

奴国の王都は須玖遺跡群だが、弥生時代後期前葉に低地に移り、三世紀になると奴国は衰退した。春日丘陵上の環濠集落群も解体され、テクノポリスはなくなり、王墓も造られていない。海岸部では異変が起きていて、外来系の土器が一気に流入してその後も、徐々に増えていく。北部九州沿岸部でも、奴国で顕著だった。福岡市早良区西新町《にしじんまち》遺跡の場合、在来系土器六三パーセント、ヤマト系二五パーセント、出雲系九パーセント、吉備系一パーセント、加耶系二パーセントで、外来系が三七パーセントを占めるし、この中に「加耶系」が含まれていることも、興味深い。

奴国の衰退を尻目に、伊都国は栄え続ける。纏向遺跡に前方後円墳・箸墓古墳（箸中山古墳《はしなかやま》）が出現するころまで（庄内式土器から布留《ふる》式土器への移行期。布留〇式。三世紀後葉から四世紀のヤマト建国を意味する）伊都国の勢いは衰えないし、朝鮮半島に、北部九州製の文物が伊都国経由でもたらされ、楽浪郡や朝鮮半島との交易も盛んだった。ところがこのあと、伊都国にも畿内系の土器が流れ込むようになった。三雲遺跡群が衰退し、博多湾沿岸部に畿内系土器をともなう集落が現れる。また、規模では劣るが、数で言えば、ヤマトに次ぐ前方後円墳密集地帯になっていく。

この、奴国と伊都国のヤマト建国前後の盛衰を、どう考えればよいのだろう。

なぜ最初に奴国に外来系の土器が流れ込み旧勢力は衰退し（あるいは侵入者と融合し）、その後しばらくして、伊都国にも畿内系の土器が流れてきた。

ここで注目してみたいのは、「魏志倭人伝」の奇妙な記事のことだ。邪馬台国の卑弥呼が帯方郡に遣使し、魏の使者が九州にやってきて、邪馬台国に至る行程を記録している。三世紀半ばのできごとだ。

使者は壱岐から海を渡って末盧国《まつろ》（佐賀県唐津市周辺）に至る。末盧国の人びとは山海に沿って暮らし、好んで魚類を食し、みな素潜りで採ってくると言う。海人なのだ。ところが、なぜかここから伊都国は東南に陸行五〇〇里とある。船を下りて歩いて伊都国に向かった。それだけならまだしも、「道は草が生い茂っていて、前を行く人も見えないほどだ」と特記されている。

改めて述べるまでもなく、この行程は、邪馬台国と朝鮮半島をつなぐ「交易の道」であり、しかも「メイン道路」なのだから、日常的に往き来していたはずなのだ。それなのに、なぜ草を掻き分け、道なき道を進まねばならなかったのか。しかも、末盧国の人間は、海に不慣れだったわけではない。伊都国まで船で往き来していたはずなのだ。

「魏志倭人伝」の不可解な記事に、なぜ今まで、だれも「変だ」と思わなかったのだろう（そう思った方も多いかもしれないが、ほとんど注目されていない）。

邪馬台国偽僭説と伊都国と奴国

ここでふたたび注目したいのは、先述した江戸時代の国学者・本居宣長が唱えた「邪馬台国偽僭説」で、この仮説に伊都国と奴国のライバル関係を組みこむと、「邪馬台国論争」の謎が吹き飛んでしまうのである。

どういうことか説明しよう。

本居宣長は、邪馬台国の時代の日本列島には、「本物のヤマト（畿内の邪馬台国）」と、「嘘の邪馬台国（北部九州の卑弥呼の国）」があったと推理した。卑弥呼はヤマトに外交戦で優位に立とうと、帯方郡の公孫氏を滅亡に追い込んだ直後の魏に対し、「われわれがヤマト」と申告し、「親魏倭王」の称号を獲得することに成功していた。

じつを言うと、邪馬台国論争は、すでにこの時点で完了していたのではないかと思えてならない。本居宣長の推理を裏付けるのが、「魏志倭人伝」の、先ほどの奇妙な記事だ。

なぜ末盧国に到着した魏の使者を、邪馬台国の人びとは陸路で伊都国に向かわせたのだろう。それは、末盧国と伊都国を結ぶ海路には、奴国の海人も往来していたからではあるまいか。すでにこの時代、奴国には纏向（ヤマト政権の黎明期）の人びとが群がっていた。その、奴国に関して、「魏志倭人伝」はきわめて冷淡だ。

伊都国の場合、役人の呼び方と人口を記述したあと、代々王が立ち、みな女王国（卑弥呼の国）に統属されていたこと、郡使の往来のとき、つねにここに駐在するとある。また、女王国から北側に一大率（派遣官）を置いていて、「中国の刺史《しし》（州の長官）のようなものだ」と言っている。諸国を検察させていて、みなこれにひれ伏していること、伊都国に常駐していることを記録している。これに対し、奴国の記事は、素っ気ない。

もし仮に、今優勢な邪馬台国畿内説が正しいとするなら、一大率は奴国に常駐しただろう（奴国にヤマト勢力がなだれ込んでいるのだから）。

ヤマトが北部九州を支配するなら、神功皇后が定めたように、橿日宮《かしいのみや》しか考えられない。もし本居宣長の偽僭説をここに組み込めば、次のような推理が可能になる。本当のヤマトは奴国に進出し、これに対抗するために、九州の卑弥呼の邪馬台国は、奴国のライバルの伊都国と隠密裏に手を組み（伊都国はヤマト政権を騙していたことになる）、帯方郡に使者を送っていた……。だから、帯方郡からやってきた魏の使者を、末盧国から獣道にも劣るブッシュの中を無理矢理歩かせ、奴国の海人やヤマト政権側に気づかれないようにしたのではなかったか。

ヤマト建国前後の日本列島勢力図

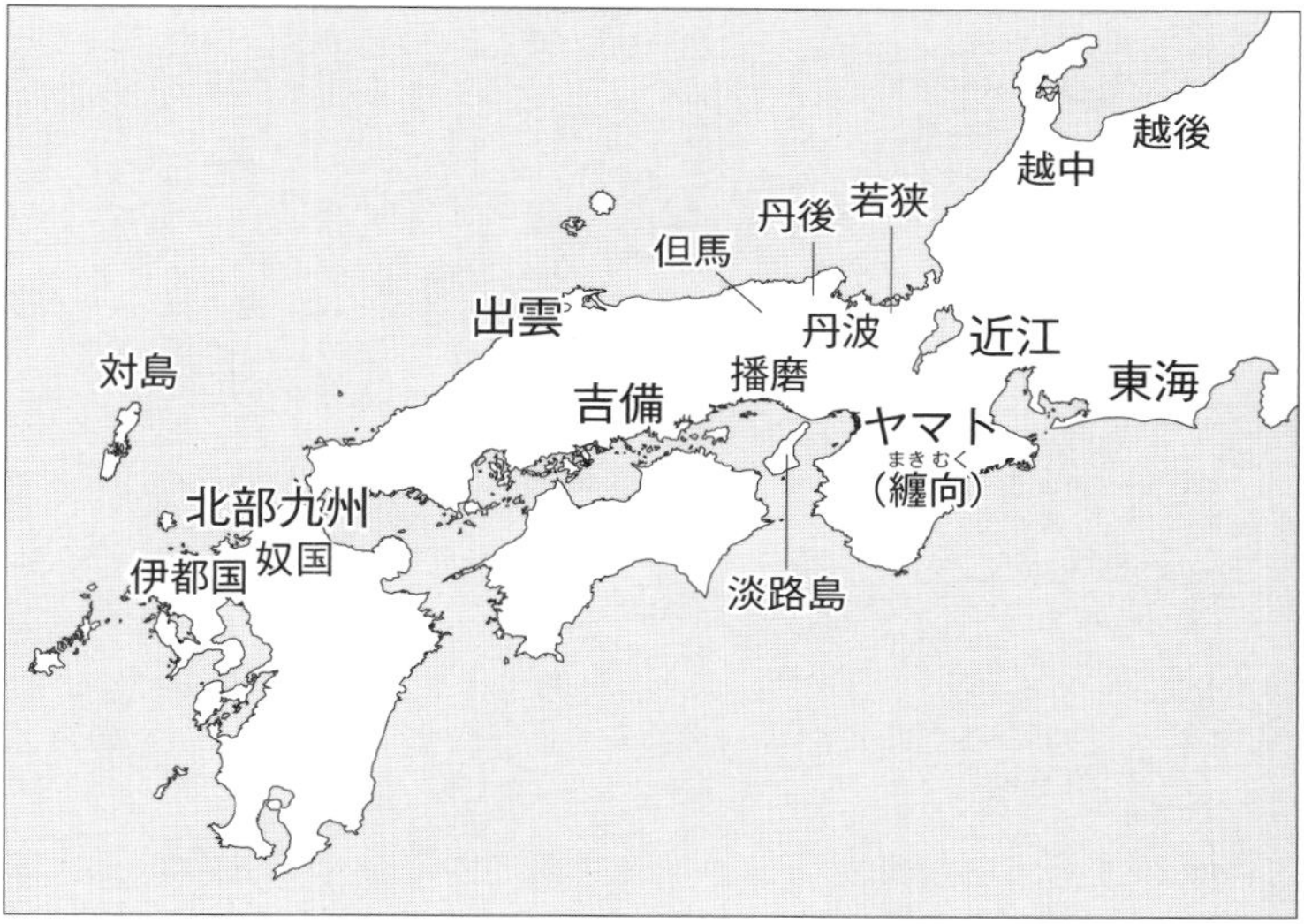

ヤマト建国は、纏向に集まった人びとが北部九州に流れこんだことによって大きく進展したが、なぜ、たやすく奴国に、武力衝突もなく（痕跡がない）ヤマトが乗り込んでいけたのか、不思議だ。奴国が伊都国の脅威に対抗するために、ヤマトを引き入れた可能性が高い。

なぜ奴国と伊都国に注目したかというと、ヤマト建国前後の日本列島と朝鮮半島南部には、ふたつの大きな枠組みが出現しつつあって、みなが「どちらにつくか」を模索したのではないかと思うからで、加耶の発展と滅亡も、「大きなふたつの枠組み」という視点で見つめ直す必要があると思うのである。

拙著『台与の正体』で述べたように、ヤマト建国をプロデュースしたのはタニハで、それを強力に後押ししたのは近江と東海地方と思われるが、彼らは朝鮮半島東南部と利害が一致していた。つまり、朝鮮半島最南端の多島海《たとうかい》を自由に航行できなければ、発展の道は狭まるのである。

そこでタニハや日本海勢力は北部九州に押し寄せ、伊都国と奴国のにらみ合いを利用したのだろう。朝鮮半島南部から百済（実際は馬韓《ばかん》）経由の航路を堅持していた伊都国＋邪馬台国を武力で追い詰め、潰しにかかった。この段階で、日本列島は、タニハを中心とするヤマト政権と北部九州の倭国（伊都国＋邪馬台国連合）の対立が生まれたのだ。

だから、三世紀に勃発したという浦上八国の乱と、新羅の昔于老が倭人に殺されてしまったという事件は、奴国と伊都国のライバル関係と、深くかかわっていたのではないかと思えてくる。そして、この「日本と朝鮮半島双方のふたつの枠組み」が、六世紀の任那日本府や加耶滅亡にも大いにかかわっているとしか思えないのである。

任那日本府で活躍した的氏

ここで話は意外な方向に進む。任那日本府に深くかかわったふたりの人物の素姓に注目してみたい。ヤマト政権が差し向けたふたりなのに、なぜ、ヤマト政権と百済の指示を無視し、逆らったのだろう。その人間像がはっきりわかれば、任那日本府の真実がはっきりとわかるのではあるまいか。

任那日本府を代表する人物に、的《いくは》氏がいる。彼らの祖をたどっていくと、葛城襲津彦《かずらきのそつびこ》に行き着く。

『日本書紀』応神十四年是歳条に、次の記事がある。

弓月君《ゆづきのきみ》が一二〇の県の人を引き連れて百済から帰化しようとしたが、新羅が妨げ加羅国にとどまっていた。そこで葛城襲津彦を差し向けたが、三年間帰ってこなかった。そこで応神十六年八月に、平群木菟宿禰《へぐりのつくのすくね》と的戸田宿禰《いくはのとだのすくね》が精兵とともに加羅に遣わされた。新羅の国境に向かったのだ。新羅王は驚き、葛城襲津彦と弓月の民を返した。

この「的氏」の「イクハ」は「弓の的」の意味で、その話が仁徳十二年八月条に載っている。

高麗《こま》（高句麗）の客を朝廷で饗応したこの日、群臣と百官を集めて、高麗の献上してきた鉄の盾と的を射させた。誰も射通すことができなかったが、ただ的臣の祖の盾人宿禰《たたひとのすくね》だけが鉄の的を射通せた。翌日、盾人宿禰を称え、的戸田宿禰といった。

ここでまず問題にしたいのは、的戸田宿禰の祖の系譜が、『日本書紀』の記事を読んでも判明しないことなのだ。ところが、『古事記』には、「葛城長江曾都毘古《かずらきのながえのそつびこ》（葛城襲津彦）が的臣の祖とある（孝元記）。葛城長江曾都毘古は、建内宿禰（武内宿禰）の子である。『新撰姓氏録《しんせんしょうじろく》』には、的臣が石川朝臣《いしかわのあそん》と同祖で、葛城襲津彦命の末裔とある。石川朝臣は、蘇我氏の後裔のことだ。的臣は蘇我系に属していたから、『日本書紀』は系譜を掲げなかった可能性が高い。

ちなみに、蘇我氏の祖を『古事記』は建内宿禰と言っているが、やはり『日本書紀』は武内宿禰と蘇我氏の系譜をつなげていない。『日本書紀』を読むかぎり、蘇我氏の祖が誰なのかも、はっきりとわからないのだ。蘇我氏と的氏は、『日本書紀』にとって邪魔な人びとだったのだろう。

もうひとつ問題なのは、的臣の活躍だ。的臣はこのあとの欽明五年（五四四）三月に任那日本府をめぐる諸問題に対応し、欽明十四年（五五三）八月に登場する。百済は使者を送ってきて、

「的臣が死んだ今、誰が任那を統治できましょう。誰か後継者を指名してください」

と、上表文を奉っている。

的氏の謎は、朝鮮半島と往き来し、任那日本府に深くかかわっていたこと、その一方で、新羅との間を往復したが、百済とは没交渉だったところにある。また、活動は外交交渉に特化されていて、軍事的な動きは見せていない。百済とは一定の距離を置いていたとしか思えない。

用明二年（五八七）六月には、蘇我馬子《そがのうまこ》の命で的臣真嚙《いくはのおみまくい》らが、穴穂部皇子《あなほべのみこ》を殺している。やはり的臣と蘇我氏の絆は強い。その蘇我氏は日本海勢力の中心的存在であり、ヤマト建国時から、朝鮮半島の南東部側と接点をもっていたと考えられる。

とすれば、任那日本府はふたつの日本の中の日本海勢力の人脈を指していたのだろうか。

しかし、もうひとり、瀬戸内海系を匂わせる任那日本府の重要な人物が存在する。

吉備臣の謎

ここで登場するのが、吉備臣《きび》なのである。「吉備（備前《びぜん》、備中《びっちゅう》、備後《びんご》）」と言えば、瀬戸内海のど真ん中に位置する国ではないか。吉備臣が瀬戸内海勢力の一員とすれば、任那日本府は、「ふたつの日本」が同居していたことになってしまう。ならばなぜ、任那日本府は一貫してヤマト政権と百済に背いていたのだろう。

「任那日本府の吉備臣」とは、何者なのだろう。吉備臣が瀬戸内海勢力の一員なら、任那日本府は、なぜ「継体天皇や日本海勢力が推し進めていた外交方針を潰しにかかったヤマト政権と百済」の言いなりにならなかったのか。やはり吉備臣が、大きな謎となってくる。

任那日本府に大いにかかわった人物群の中で、筆頭格は吉備臣である。先述した李永植《イヨンシク》は、吉備臣は加耶系、渡来系と推理した。だから、任那日本府の一員だったという。しかしそれは、本当なのか。

たしかに、「吉備（国）」と「加耶」には、いくつも接点がある。まず、地名と人名に「カヤ」と「アヤ・アラ・アナ」がいくつか残っている。

『備中国風土記《きびのみちのなかのくにのふどき》』逸文には「賀夜郡《かや》」の地名が残り、『和名抄《わみょうしょう》』にも、「賀夜郡」とある。それが近代に入って賀陽郡となった。現代の岡山市北区の一部と総社市《そうじゃ》の一部と、加賀郡吉備中央町の一部だ。「国造本紀《こくぞうほんぎ》」には、加夜《かや》国造に香屋臣《かやのおみ》が任ぜられたとあり、香屋臣は吉備上道《きびのかみつみちの》臣《おみ》と同族で、吉備の中心勢力である。

ここに「カヤ」や「アラ」とのかすかな接点が見える。

「国造本紀」に、備後国の「吉備穴国造《きびのあなのくにのみやつこ》」の名がみえ、穴（阿那）臣は備後国の阿那《あな》郡に由来する。その「アナ」は、加耶南部の有力国「安羅」（阿那）に通じる。

吉備国（備前、備中、備後）の賀陽（賀夜）や阿那（穴）も、吉備と加耶両者のつながりを連想させる。だからこそ、李永植は吉備臣を加耶系の渡来人と推理したわけだ。

ただし吉備臣は、長い間、百済寄りではなかった。ここは注意を要する。

雄略七年条に、吉備道臣田狭《きびのみちのおみたさ》の話が載っていて、ここで吉備上道田狭は、任那と新羅に近づいている。吉備上道田狭は任那国司に任ぜられたあと、雄略天皇に妻の稚媛《わかひめ》を奪われた（周囲に絶世の美女だと自慢していたのが仇となった）。田狭臣は助けを求めに新羅に入ろうとした。そこで雄略天皇は田狭臣と稚媛の間に生まれた弟君《おときみ》らに、新羅征討を命じている。弟君は百済側から新羅を攻めようとしたが、道が遠いとあきらめた。田狭臣は、弟君の行動をよろこび、「百済と踏まえて日本に通じてはならない」と語ったという。

この事件は複雑な要素を含んでいるが、「吉備臣」が任那の国司だったこと（真実かどうかは別として、『日本書紀』の設定ではそうなっている）、朝鮮半島の西ではなく、東にシンパシーを感じていたことは、軽視できない。

「吉備氏」は曲者で、「吉備氏と言えば瀬戸内海勢力の中心人物」とすれば、当然、親百済派と考えざるを得ない。ならばなぜ、吉備上道田狭は、任那日本府の役人として、反百済的な行動をとったのだろう。瀬戸内海勢力＝吉備が、反百済に変化したということだろうか。

このあと詳しく触れるように、筆者は物部氏の祖のニギハヤヒは、吉備からヤマトに乗り込んだと考える。ヤマト建国の中心勢力のひとつが吉備で、彼らは、河内《かわち》に拠点を構えたが、物部氏もまさに河内の主だった。ニギハヤヒは瀬戸内海を代表し、吉備からヤマトと河内を押さえに向かったのだろう。だから、物部氏と吉備氏の関係も気になるところだ。

任那日本府の本質を知るためにも、「吉備氏」とはそもそも何者なのか、そこから探っていく必要がある。結論を先に言ってしまえば、吉備臣は「吉備土着の豪族ではなく、ヤマト政権が吉備にさし向けた王家と縁のある氏族」だった可能性が高いのである。

あらためて、吉備氏の正体を明らかにしておきたい。

吉備臣の祖は王家出身か吉備土着か

吉備氏の中でも下道臣《しもつみちのおみ》、上道臣《かみつみちのおみ》、笠臣《かさのおみ》は備中国下道郡と備前国上道郡を本拠地としていて、五世紀半ばまで、巨大な権力を握っていた。ところが、雄略天皇の時代に衰退している。

先祖伝承は複雑で、まず『日本書紀』には、第七代孝霊《こうれい》天皇と絙某弟《はえいろど》の間に生まれた稚武彦命《わかたけひこのみこと》が吉備臣の祖とある。孝霊天皇は欠史八代のひとりだから、実在が危ぶまれ、これとは別に、始祖伝承が残されていて、そちらが真相に近いのではないかと考えられている。

応神二十二年九月条に、次の話が載る。

応神は淡路《あわじ》島で狩りをして、その足で吉備に向かった。葦守《あしもり》宮（備中国賀陽《かよう》郡服部＝岡山県総社市東部）に滞在中、吉備臣の祖の御友別《みともわけ》が参内《さんだい》した。そこで彼の兄《え》弟《おとう》子孫《みのこ》を膳夫《かしわで》（天皇の食膳に奉仕する伴）として奉仕した。天皇はその働きぶりをみて喜び、吉備の国を割《さ》いてその子らに封じた。長男の稲速別《いなはやわけ》が下道臣の祖で次男の仲彦《なかつひこ》が上道臣と香屋臣の祖だ。弟彦が三野臣《みののおみ》の祖である。また、御友別の弟の鴨別《かものわけ》は、笠臣の祖だ（以下省略）。

では、御友別は何者かというと、『日本書紀』は明記していないが、『新撰姓氏録』には、稚武彦命の孫とある。要は、御友別は孝霊天皇の末裔と言うことになる。

『古事記』にはやはり第七代孝霊天皇と意富夜麻登玖邇阿礼比売《おおやまとくにあれひめ》との間に生まれた比古伊佐勢理毘古命《ひこいさせりびこのみこと》（またの名は大吉備津日子命《おおきびつひこのみこと》）を祖とするのが、吉備上道臣で、意富夜麻登玖邇阿礼比売の妹の蠅伊呂杼《はえいろど》との間に生まれた若日子建吉備津日子命《わかひこたけきびつひこのみこと》が、吉備下道臣と笠臣の祖とある。

時系列が戻るが、稚武彦命の異母兄弟の彦五十狭芹彦命《ひこいさせりびこのみこと》は四道《しどう》将軍として西道《にしのみち》に遣わされるが、この人物の別名が、吉備津彦命である。また、箸墓に葬られた倭迹迹日百襲姫命《やまとととひももそひめのみこと》は、彦五十狭芹彦命と同母兄弟にあたる。

『日本書紀』景行《けいこう》四十年七月条に吉備武彦《きびのたけひこ》（『古事記』は吉備臣の祖と記録する）が登場し、東《とう》国《ごく》平定を命じられ、ヤマトタケルの元で活躍している。また、妹がヤマトタケルとの間に娘をなした。

結局通説は、『日本書紀』が御友別の祖を明記していないことから、第七代孝霊天皇とのつながりを疑っているわけだ（そもそも欠史八代の天皇は実在しないと考えているし）。両者をつないでいるのは、『新撰姓氏録』と『古事記』であって、正史が認めていないことを重視しているわけだ。

しかし、もし仮に通説どおり、吉備氏が吉備で成長した豪族ならば、瀬戸内海→北部九州→加耶→百済→中国とつながる航路が大切だったはずで、「親百済派」となるのが、自然なのである。

吉備氏の現実の動き

そこで、出自は一度置いて、現実の吉備氏の動きを再現できるのだろうか。

五世紀半ばから後半、雄略朝における吉備氏の反乱伝承は有名で、ここで吉備氏は没落していたのではないかと考えられていて、事実吉備の巨大前方後円墳（天皇家と肩を並べていた）は、このあと小振りなものに変化している。

加耶との関係を考えると、『日本書紀』の雄略八年（四六四）二月条の記事が気になる。

天皇が即位されてからこのかた、新羅国は背き、貢物を納めなくなって八年になる（雄略天皇は新羅と仲が悪かったわけだ）。しかも日本を恐れ、高句麗と好誼《こうぎ》を修めた。高句麗の王は百名の兵を差し向け、新羅を守らせた。ところが、高句麗の兵たちは本当は新羅を乗っ取ろうとしていて、これが発覚したために、皆殺しにされてしまった。ただ、ひとりだけ生き残って高句麗に逃れた。高句麗王は兵を挙げ新羅を攻めたが、この時新羅王は任那王に使者を出して、

「日本府の行軍元帥たちに救援をお願いします」

と、申し入れた。そこで任那王は、膳臣斑鳩《かしわでのおみいかるが》と吉備臣《きびのおみ》小梨《おなし》、難波吉士《なにわのきし》赤目子《あかめこ》を新羅に派遣し、救援させた。膳臣たちは奇策を用いて高句麗軍を撃破した。高句麗と新羅は、ここから恨み合うようになった。膳臣らは新羅王に、

「弱いくせに強い国と戦った。もし、官軍（日本府）が救わなかったら負けていただろう。今後、

けっして天朝（ヤマト政権）に逆らわないように」

と告げたのである。

ところが、雄略九年三月に、雄略天皇は新羅親征を企てた。この時神託が下りて、「行ってはならない」と戒めた。そこで将軍を派遣することにしたのだった。雄略天皇は、

「新羅は西に国を構えたときから、真面目に朝貢してきた。ところが、私が即位したあと、高句麗からの貢ぎを遮り、百済の城を併合した。ましてや、新羅は貢物を持ってこない。だから天罰を加える」

と述べられ、紀小弓宿禰《きのおゆみのすくね》らの将軍を派遣した……。

複雑怪奇な記事が続くが、分かることはふたつある。ひとつは、雄略天皇が新羅と犬猿の仲にあったこと、そんな中にあって、「日本府」は新羅のために軍勢を差し向けていたこと、その軍勢の中に、吉備臣が混ざっていたことである。

もうひとつ無視できないのは、清寧天皇即位前紀に記された星川皇子《ほしかわのみこ》の謀反事件だ。

雄略天皇が崩御されたとき、吉備稚媛《きびのわかひめ》は幼児の星川皇子に「天位に上ろうと思っているなら、まず、大蔵《おおくら》（国家財政のための蔵）の官を取りなさい」と言った。星川皇子はその通り実行し、大蔵の門を封鎖し権勢をほしいままにしてしまった。しかし大伴室屋大連《おおとものむろやのおおむらじ》らの軍勢に囲まれ、火が放たれ、星川皇子と吉備稚媛らは焼き殺された。

吉備稚媛は吉備上道臣の出で、雄略天皇の時代の吉備の乱に続いて、ここでも吉備系の乱が起

きていたわけで、すっかり「吉備が衰退」したことになる。

吉備臣は、六世紀の任那滅亡の直前、任那日本府にかかわっていたから、五世紀の百済滅亡の前後、百済に加勢した雄略天皇との関係は、やはり気になるのである。

任那日本府の謎を解く鍵を握っていたのは吉備臣

任那日本府の謎を解く鍵を握っているのは、吉備臣だと思う。

吉備臣は吉備出身ではないと、『日本書紀』やその他の文書は語っているが、通説では、吉備氏は吉備土着の豪族だという。筆者は、吉備臣は王家とかかわりが深いと疑う。何しろ、吉備氏のカバネは「臣」だからだ。原則として、「臣」のカバネは、継体天皇以前の古い大王（天皇）から出た者に与えられる。吉備臣も、その類ではないかと疑う。ならば、吉備出身の有力者が誰かほかにいないかと、逆に考えてみる。

すでに触れたように、三世紀に纏向に人びとが集まってきたとき、吉備の土器も持ち込まれたが、数は少なかった。その代わり、特殊器台形土器《とくしゆきだいがた》という前方後円墳に用いられる神聖な土器だったこと、前方後円墳の原型が弥生時代後期の吉備に出現していたことから、ヤマト建国の中心勢力は瀬戸内海の吉備だったのではないかと考える考古学者は多い（これは正しいと思う）。

ならば、具体的に誰が吉備勢力の末裔だったのか、といえば、すでに触れた物部氏である。『日本書紀』は神武東征以前、ヤマトにナガスネビコがいて、そのあと、天上界から天磐船《あまのいわふね》に乗ったニギハヤヒが舞い下り、ナガスネビコの妹を娶《めと》ってヤマトの王になったこと、そのあと神武天皇がやってきて、ニギハヤヒは神武を王に立てたと言っている。ニギハヤヒは物部氏の祖だが、この人物こそ、吉備からやってきたのだろう。物部氏は河内を拠点としていたが、三世紀の河内に大量の土器をもちこんだのは、吉備勢力だった。

纏向に持ち込まれた吉備の土器の数が少ないのは、吉備が河内に拠点を構えたからだ。奈良盆地島南部に真っ先にやってきたのは東海勢力で、纏向は「東の勢力の都」だった。奈良盆地を東に奪われれば、瀬戸内海勢力も身動きが取れなくなる。あわてて、ヤマトに合流したのだろう。ただし、吉備勢力は狡猾で、纏向にはほとんど注力せず、河内をおさえ、さらに生駒《いこま》山を手に入れたようなのだ。古くは生駒山はニギハヤヒ山と呼ばれ、生駒山の東側の一帯は、物部氏の土地だった。物部守屋《もののべのもりや》を滅亡に追い込んだ蘇我氏は、斑鳩《いかるが》の地に寺院を建立するが（若草伽藍《わかくさがらん》。斑鳩寺。のちの法隆寺《ほうりゅう》）、もともとは物部氏の土地である。

ならば、物部氏と吉備臣の間に、接点はあるのだろうか。『日本書紀』を読むかぎり、つながりはなく、そのことも手伝って、これまで物部氏と吉備をつなげて考える仮説は、ほぼなかった。邪馬台国論争もからめて、多くの学者は「物部氏は北部九州からヤマトに移動した」と長い間推理していた。たとえば谷川健一《たにがわけんいち》は、北部九州に物部氏の勢力圏が確認できることから物部東遷説を考えた（『白鳥伝説』集英社文庫）。

しかし、考古学はこの発想を根底からくつがえしてしまった。三世紀の人の流れは東から西であって、北部九州から東へは、ほとんど移動していない。

物部氏は北部九州からやってきたのではない。残された解は、やはり吉備である。

北部九州の制圧に成功したヤマト政権だが、兵站《へいたん》は伸びきっていて、これを待っていたかのように、瀬戸内海勢力（吉備）は、日本海勢力を裏切った（考古学が日本海勢力の衰退を示している）。だから前方後円墳を造りあげた吉備の物部氏が、ヤマト政権の実権を握り、前方後円墳体制は、物部守屋が滅びる六世紀末まで継続したのだ。

ここで何を言いたいのかというと、「ヤマトを作りあげた吉備を代表する氏族は物部氏」である。

そこで気になるのは、物部系の歴史書『先代旧事本紀』の中でも、物部氏と吉備氏の系譜がつながらないことなのだ。物部氏のカバネが「連」で、吉備氏のカバネが「臣」というのも無視できない。ちなみに、武内宿禰の末裔（蘇我系豪族）は、ほぼ「臣」を下賜されている。

雄略七年是歳条の吉備氏の乱も不可解だ。

『日本書紀』の記事を読むかぎり、これは乱ではなく、雄略天皇の横暴ではないか。しかも実際に、吉備国の王（首長）は五世紀後半、それまでのような巨大前方後円墳を造営できなくなる。また、乱に乗じて、吉備に大きな屯倉《みやけ》（王家の直轄領）が造られたことはよく知られている。

欽明十六年（五五五）に白猪屯倉《しらいのみやけ》が、翌年、児島《こじま》屯倉がたてつづけに建てられた。しかも、それぞれが海の要衝で、蘇我稲目《そがのいなめ》が尽力していたと『日本書紀』は言う。

吉備臣は吉備出身ではない？

門脇禎二《かどわきていじ》は、「吉備氏（吉備臣）」は吉備の在地勢力の「吉備上道臣」や「吉備下道臣」とは、系統が違うと指摘している（『吉備の古代史』NHKブックス）。

『日本書紀』に登場する「吉備臣某（吉備下道臣・上道臣ではなく）」という人物は、すべて朝鮮半島に派遣された将軍や官人で、吉備に住み続けた人びとではない。だから門脇禎二は、吉備臣は最初は吉備から出たが吉備にとどまることはなく、ヤマトやその周辺に住み続け、ヤマトに仕えた武人や官人が名乗った氏族と考えた。

また、「カバネ」がヤマト政権内の官人たちに付けられたのは五世紀末ごろと推定されているが、吉備臣も、この時代に形成されたのではないかと言う。

本当に吉備臣は吉備出身なのだろうか。

ここで注目したいのは、吉備臣とそっくりな出雲臣である。

彼らは天上界から出雲に遣わされた神の末裔で、だから「臣」のカバネと出雲国造家《いずもこくそうけ》の地位を手に入れた。出雲の神々が天上界に逆らったのは、まさに神話の世界だが、現実には、ヤマト建国後の主導権争いに敗れた日本海勢力の象徴的存在であり、出雲国造家は「敗れてヤマトに恨みを抱く日本海の神々を鎮める役目を担った」のである。吉備臣も、これと似た存在かも知れない。

つまり、吉備臣は「吉備」の名を冠するから、吉備土着と考えられがちだが、「出雲臣」は出雲（あるいは日本海）を監視し出雲の神を祀るために出雲に派遣された氏族であり、吉備臣も、ヤマトから遣わされたのではないか？

前方後方墳《ぜんぽうこうほうふん》は近江で生まれ東海地方にいち早く伝播し、やがて東日本を中心に広まっていくが、その最終段階（前方後円墳に圧倒されはじめた頃）に、吉備と出雲のふたつの場所で、前方後方墳が採用されている（植田文雄『「前方後方墳」出現社会の研究』学生社）。出雲国造家の祖と吉備臣の祖は、この時代にそれぞれの場所に赴任したのではなかったか。ちなみに、出雲国造家は尾張系と筆者はにらんでいるが、吉備臣も、同族ではなかろうか。

くり返すが、吉備では五世紀前半、ヤマトの王家とほぼ同等の規模の前方後円墳を造営していたが、その直後に衰退している。『日本書紀』と照らし合わせれば、雄略天皇の時代に乱が勃発し、吉備は成敗されている。吉備臣はよそ者として屯倉を管理した「ヤマト側の人間」ではなかったか。

雄略天皇が中央集権化のためにターゲットにしたのが、瀬戸内海航路だろう。ただし、中央政権内部で「古い時代に吉備からやってきた物部氏」は、その後も繁栄を誇っていった（何しろ物部氏は全国に領地を広げていたからだ）けれども吉備の在地に残っていた勢力は、ここで埋没したのだろう。

そして、このあと日本海勢力が急速に力をつけ、大加耶と手を結んだ越《こし》の男《おお》大迹王《どのおおきみ》（継体天皇）が擁立され、蘇我氏が台頭すると、瀬戸内海勢力は、徐々に牙を抜かれたにちがいない。

そして吉備に設置された屯倉を監視するのが吉備臣とするならば、吉備臣は「ヤマト→加耶→百済→中国」とつながる航路を独占していた瀬戸内海政権の旧体制を突き崩す役目を担ったのであって、むしろ、反瀬戸内海グループ側の人間だった可能性が高くなってくる。

任那日本府のふたりは親新羅派？

任那日本府を構成していたふたりの中心人物、吉備臣と的臣《いくは》が、継体天皇（親新羅派）寄りの人脈に囲まれていたことがわかってきた。

継体天皇は即位後二十年の間に旧ヤマト政権の外交策に取り込まれていて、苦々しく思っていただろう。ところが、加耶が衰退していく中、何とか復興しようと、日本海勢力を中心とする「反百済派、反ヤマト政権派」の豪族たちは、加耶に集結し、百済の侵略をはね返そうとしていたのだろう。これが任那日本府の正体であり、ここまでわかってきたところで、最後の話題に進みたい。それは、脱解王（昔脱解《せきだつかい》）からはじまる、ひとつの大きな輪である。

多婆那《たばな》国から朝鮮半島南部にたどり着いた昔脱解は、数奇な運命をたどって新羅王となり、その新羅は百済（どちらもまだ国としてまとまっていなかったが）と争い、あるいは倭国と好誼を結び、時に争っていた。そんな中、神話の世界では、延烏郎《えんうろう》が、日神の精霊として岩に乗って日本に向かい（岩ではなく亀だったとも言う）、月神《つきのかみ》の精霊・細烏女《さいうじょ》が追いかけて日本にやってきたという。これらの朝鮮半島神話や説話はスサノヲの新羅への降臨、さらに、新羅王子・アメノヒボコと加耶王子ツヌガアラシトの来日、神功皇后の新羅征伐と重なって見える。ひとつのラインでつながってくるのではないかと思えてならないのである。

つまり、昔脱解が卵で生まれた多婆那国はタニハ（但馬、丹波、丹後、若狭）で、昔脱解は海を渡り（現実には鉄を求めて渡ったのだろう）、成功して村長さん（王）に担ぎ上げられ、それが後の世に「伝説の新羅王」と称えられ、そのタバナ（タニハ）から朝鮮半島にわたって一旗揚げた一族の末裔が、日本に戻ってきたのが、延烏郎と細烏女であり、スサノヲであり、アメノヒボコであり、ツヌガアラシトではなかったか。

たとえば、延烏郎と細烏女の神話の中で、ふたりは日本に「帰《き》す」とあり、この「帰」の一文字が、「帰依する」や「帰化する」の「帰（従う。服従する）」だった可能性は捨てきれないが、「故郷に帰る」の「帰（かえる。もどる）」でも良いわけで、延烏郎と細烏女は、日本に戻ってきた貴種ではなかったか。

『角川漢和中辞典』（角川書店）では「帰」について、「古代には、夫が嫁の家で一定期間の労働をしてから嫁を自分の家につれて帰ったことから、かえる意となり」とある。まさに、日本から朝鮮半島に向かって一旗揚げて戻ってきた人びとは、「帰」の意味と、ぴったり合うのではなかろうか。

『日本書紀』神話の異伝の中で、スサノヲは新羅に舞い下りているが、「この国には住みたくない」と毒づき、日本に船で渡り、各地に植林をしている。「やはり、日本がいい」「日本が大切」と言っているようなものだ。またスサノヲは、本来の日本の太陽神だったという指摘もある（泉谷康夫『記紀神話伝承の研究』吉川弘文館）。

加耶はなぜ滅亡したのか

アメノヒボコの追ってきたアカルヒメは、「親の国に帰る」と捨て台詞を残して日本にやってきているし、神功皇后とアメノヒボコの足跡がまったく重なっていると三品彰英は指摘している(『増補　日鮮神話伝説の研究　三品彰英論文集　第四巻』平凡社)。

また、朝鮮半島のいくつかの倭がからんだ不思議な話が、八幡信仰と重なっている。応神天皇が新羅(加耶)系の人脈と強く結びついている。『八幡宇佐宮御託宣集《はちまんうさぐうごたくせんしゅう》』に、

「辛国《からくに》の城《き》に始めて八流《やつながれ》の幡《はた》を天降《くだ》して、吾《われ》は日本の神となれり」

とあり、朝鮮半島に舞い下りた八幡神(応神天皇)が、海を渡り日本の神になったととれる記述が残っていることなど、一連の説話はよく似ている。何かしっかりとしたモチーフとコアをもっているのではないかと思えてならないのである。

延烏郎と細烏女が岩に乗って日本にやってくるが、それは亀だったとも書かれていて、浦島太郎を連想してしまう。こちら(日本)からあちら(龍宮城。加耶?)に向かい、もどってきたら、故郷は変わり果てていたという話と、通底しているのである。

昔于老が倭人の接待にしくじって悲劇的な死をとげた事件や浦上八国の乱も、加耶内部だけではなく、ヤマト政権を巻き込んだ大事件だった可能性を秘めているし、ここにヤマト建国、卑弥呼滅亡、仲哀天皇の変死、裏切られた日本海勢力といった日本側の大政変が背後に隠れている可能性も疑ってみたい。

もちろん、史料があまりにも少ない時代ゆえに、たしかな証明は無理としても、神話や説話や「ウソだらけの『日本書紀』」の記事をパッチワークのようにつないでいけば、古代の加耶と日本で起きていた、めまぐるしい歴史の一ページが、いつか再現できると思うのである。

少なくとも、加耶がなぜ滅び、なぜ日本を恨んだのか、その原因は、今回はっきりとわかった。朝鮮半島南部はふたつの勢力圏に分かれ、地政学上の制約も手伝い、日本もふたつの外交戦略が生まれ、その亀裂が埋まらないがゆえに、加耶は滅亡したのである。

おわりに

加耶（任那）は古代日本の大恩人だ。先進の文物をもたらしてくれた。しかし一方で、加耶は中国文明から日本を守る防波堤の役目も果たしていた。

考古学は日本列島人の不思議な「癖」を掘り当てている。太古の列島人は、進歩や文明に対する警戒感が強く、新たな技術や文化が流入したあと「一歩戻る（あるいは縄文的な原点に戻る）」行為をくり返してきた。稲作をなかなか受け入れなかったことや、スサノヲが「日本には浮く宝（樹木）が必要」と言って植林をはじめたのも、そんな列島人の「癖」が作用したものと思われる。倭国大乱のあと、弱く貧しい者たちがヤマト建国のきっかけを作ったが、彼らは「文明に附随する戦乱」を忌避していた可能性が高くなってきた。

中国文明は世界一長く続いたが、日本列島人は、それをコピーするのではなく、都合の良い部分だけを、吸収した。「文明や権力を負のパワー」とみなすようなところがあって、文明の上澄みだけをすくっていたイメージがある。

これが、列島人のみならず、朝鮮半島最南端（加耶）の人びとの行動原理だったのではないかと思えてくる。加耶は大きな国家の枠組み（統一国家）を作らず、自由に海洋を往き来し、鉄の交易で栄えていた。商人的発想で、強い王権の出現を恐れていた。それを支えていたのが、ヤマト政権だった。また、富み栄えた加耶の領土を新羅や百済はかすめ取ろうとしたが、加耶には隣国を「積極的に侵略した」という歴史はない。

古代日本は、文明から最も遠い場所にあったが、先進の文物をもらい受けるために、必死に中国王朝にすり寄っていたわけではない。地政学的に「簡単には侵略されない」という条件も整っていたから、「森を食べ尽くし戦乱を招く文明はまっぴら御免だ」と、涼しい顔をしていられたのだろう。ヤマト政権は、文明に抗う同志としての加耶を、真剣に守りたかったのではないかと、妄想はふくらむ。加耶滅亡は、ヤマト政権にとって、「唯一の理解者を失った」つらい事件だったのだろう。

なお、今回の執筆にあたり、河出書房新社編集部の西口徹氏、編集担当の工藤隆氏、歴史作家の梅澤恵美子氏に御尽力いただきました。改めてお礼申し上げます。

合掌

令和五年十月

参考文献

『古事記祝詞』日本古典文学大系（岩波書店）
『日本書紀』日本古典文学大系（岩波書店）
『風土記』日本古典文学大系（岩波書店）
『萬葉集』日本古典文学大系（岩波書店）
『続日本紀』新日本古典文学大系（岩波書店）
『魏志倭人伝・後漢書倭伝・宋書倭国伝・隋書倭国伝』石原道博編訳（岩波文庫）
『旧唐書倭国日本伝・宋史日本伝・元史日本伝』石原道博編訳（岩波文庫）
『三国史記倭人伝』佐伯有清編訳（岩波文庫）
『先代舊事本紀』大野七三（新人物往来社）
『日本の神々』谷川健一編（白水社）
『神道大系　神社編』（神道大系編纂会）
『古語拾遺』斎部広成撰　西宮一民校注（岩波文庫）
『藤氏家伝　注釈と研究』沖森卓也　佐藤信　矢嶋泉（吉川弘文館）
『日本書紀　一　二　三』新編日本古典文学全集（小学館）
『古事記』新編日本古典文学全集（小学館）
『世界の歴史6　隋唐帝国と古代朝鮮』礪波護　武田幸男（中央公論新社）
『世界の考古学10　朝鮮半島の考古学』早乙女雅博（同成社）
『市民の考古学13　古代日本と朝鮮半島の交流史』西谷正（同成社）

『国際交易の古代列島』田中史生（角川選書）
『古代の日本と東アジア』鈴木靖民（勉誠出版）
『文明に抗した弥生の人びと』寺前直人（吉川弘文館）
『縄文社会と弥生社会』設楽博己（敬文舎）
『日本の歴史03　大王から天皇へ』熊谷公男（講談社学術文庫）
『日本人になった祖先たち』篠田謙一（ＮＨＫブックス）
『大和朝廷』上田正昭（講談社学術文庫）
『律令国家成立史の研究』黛弘道（吉川弘文館）
『古代王朝交替説批判』前之園亮一（吉川弘文館）
『地名語源辞典』山中襄太（校倉書房）
『増補　日鮮神話伝説の研究　三品彰英論文集　第四巻』（平凡社）
『古代朝日関係史』金錫亨　朝鮮史研究会訳（勁草書房）
『倭人と韓人』上垣外憲一（講談社学術文庫）
『天孫降臨の道』上垣外憲一（筑摩書房）
『古代海部氏の系図』金久与市（学生社）
『秦氏の研究』大和岩雄（大和書房）
『古代海人の謎　宗像シンポジウム』田村圓澄・荒木博之編（海鳥社）
『姫神の来歴』髙山貴久子（新潮社）
『増訂古歌研究』梁柱東（一潮閣）
『古代の日朝関係』山尾幸久（塙書房）
『古事記及び日本書紀の研究』津田左右吉（毎日ワンズ）
『末松保和朝鮮史著作集４　古代の日本と朝鮮』（吉川弘文館）

『岩波講座 日本歴史 第2巻 古代2』(岩波書店)
『加耶諸国と任那日本府』李永植(吉川弘文館)
『任那日本府と倭』井上秀雄(東出版寧楽社)
『弥生文化の成立』金関恕・大阪府立弥生文化博物館編(角川選書)
『白鳥伝説』谷川健一(集英社文庫)
『上代日本文学と中国文学 上』小島憲之(塙書房)。
『加耶と倭』朴天秀(講談社選書メチエ)
『日本書紀成立の真実』森博達(中央公論新社)
『埋もれた金印』藤間生大(岩波新書)
『魏志倭人伝の考古学』西谷正(学生社)
『倭国の謎』相見英咲(講談社選書メチエ)
『日本古代国家』水野祐(紀伊國屋新書)
『邪馬台国』大林太良(中公新書)
『奴国の滅亡』安本美典(毎日新聞社)
『日本の歴史02 王権誕生』寺沢薫(講談社)
『吉備の古代史』門脇禎二(NHKブックス)
『「前方後方墳」出現社会の研究』植田文雄(学生社)
『記紀神話伝承の研究』泉谷康夫(吉川弘文館)
『新版古代の日本9 東北・北海道』坪井清足・平野邦雄監修(角川書店)
『「異形」の古墳』高田貫太(角川選書)

＊本書は書き下ろし作品です。
＊編集協力――工藤　隆

関 裕二（せき・ゆうじ）

1959年、千葉県柏市生まれ、育ちは東京都板橋区。

歴史作家。武蔵野学院大学 日本総合研究所スペシャル・アカデミック・フェロー。仏教美術に魅了され、奈良に通いつめたことをきっかけに日本古代史を研究。以後、古代をテーマに意欲的な執筆活動を続けている。著書に『スサノヲの正体』『古代史の正体　縄文から平安まで』（新潮新書）、『継体天皇』『古代史謎解き紀行』シリーズ（新潮文庫）、『出雲大社の暗号』『伊勢神宮の暗号』（講談社＋α文庫）、『新史論』シリーズ１～６（小学館新書）、『日本、中国、朝鮮 古代史の謎を解く』『女系で読み解く天皇の古代史』『海洋の日本古代史』（PHP新書）、『天皇家と古代史十大事件』（PHP文庫）、『謎解き「日本書紀」誰が古代史を塗り替えたのか』（じっぴコンパクト文庫）、『異端の古代史』シリーズ（ワニ文庫）、『古代史再検証』シリーズ（廣済堂出版）、『応神天皇の正体』『アメノヒボコ、謎の真相』『台与の正体 邪馬台国・卑弥呼の後継女王のゆくえ』『大伴氏の正体 悲劇の古代豪族』『磐井の乱の謎』『日本書紀が抹殺した古代史謎の真相』『豊璋 藤原鎌足の正体』『古代日本神話の考古学』『皇極女帝と飛鳥・二つの寺の謎』（河出書房新社）ほか多数。

任那《みまな》・加耶《かや》の正体
古代日本外交の蹉跌《さてつ》

二〇二三年一一月二〇日　初版印刷
二〇二三年一一月三〇日　初版発行

著　者――関裕二
発行者――小野寺優
発行所――株式会社河出書房新社
〒一五一-〇〇五一
東京都渋谷区千駄ヶ谷二-三二-二
電　話――〇三-三四〇四-一二〇一〔営業〕
〇三-三四〇四-八六一一〔編集〕
https://www.kawade.co.jp/

組　版――株式会社ステラ
印　刷――精文堂印刷株式会社
製　本――加藤製本株式会社

ISBN978-4-309-22904-1
Printed in Japan

関裕二・著

古代日本神話の考古学

天孫降臨、邪馬台国、神武東征、出雲神話…
『日本書紀』が隠した真相は、
考古学が解き明かしてくれる！
考古学の成果によって古代史の定説が
次々とくつがえる今、ようやく、
真実の歴史が見えてくる時がきた。
ヤマト建国の真実に迫る。

河出書房新社

関裕二・著

豊璋　藤原鎌足の正体

乙巳の変——古代史最大の英雄は、
本当に英雄だったのか⁉
その後、歴史の大転換点となった
「白村江の戦い」に到るまで、
改革の立役者・鎌足はなぜ
歴史から消えるのか？
『日本書紀』に隠された重大な秘密を解く。

河出書房新社

関裕二・著

皇極女帝と飛鳥・二つの寺の謎

なぜ古代史最大の変革期に
女性天皇が出現したのか？
鍵を握るのは、平城京遷都を拒んだ
謎多き二つの寺、飛鳥寺と川原寺。
そしてその裏には、乙巳の変の真相、
ひいてはヤマト建国に関わる
大きな謎が隠されていた。
皇極＝斉明の重要性の秘密に迫る！

河出書房新社